中学入試

まんが攻略BON!

mangamangamangamanga

地理

上巻

Gakken

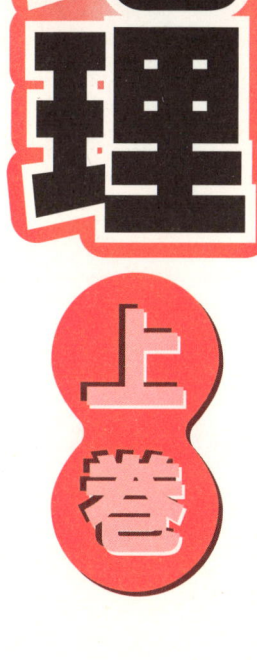

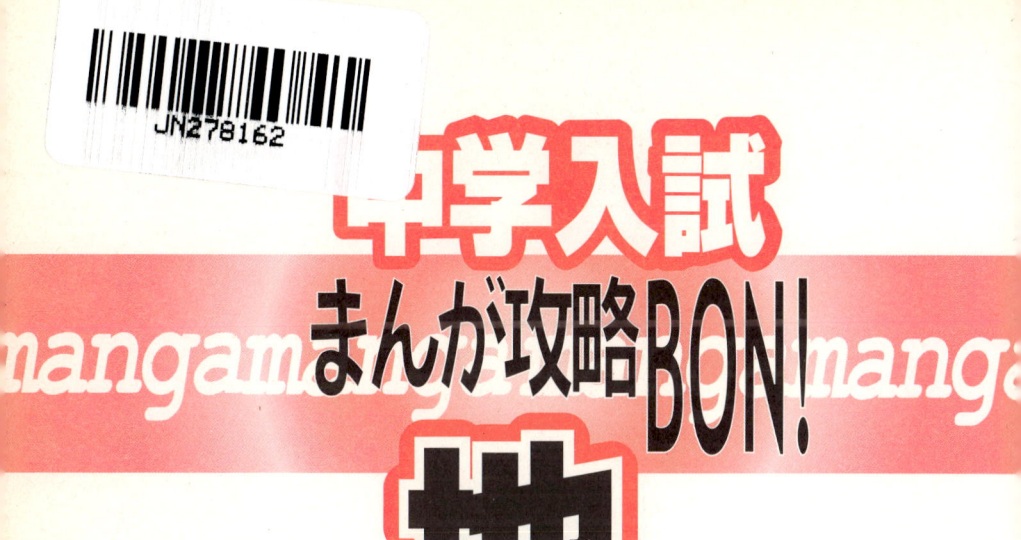

もくじ

第1章 日本のすがた

第1節 日本の国土
1．日本の位置《いち》と大きさ …… 6
2．日本の地形 …… 10

第2節 地形図の見方
1．地形図のきまり …… 14
2．いろいろな地図 …… 20
要点整理《ようてんせいり》と重要事項《じゅうようじこう》のまとめ❶ …… 22
重要事項の一問一答❶ …… 23

第3節 日本の気候《きこう》と自然災害《しぜんさいがい》
1．日本の気候 …… 24
2．日本の自然災害 …… 28

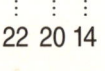

第4節 日本の人口
1．日本の人口と人口密度《みつど》 …… 32
2．日本の人口構成《こうせい》 …… 36
要点整理と重要事項のまとめ❷ …… 38
重要事項の一問一答❷ …… 39

この本の特色と使い方

特色

❶ まんがだから楽しく勉強できる！

まんがでやさしく解説《かいせつ》しているので、楽しく読めて、わかりにくい学習項目《こうもく》もグングン理解《りかい》できます。

❷ 入試によく出る重要ポイントが、ガッチリつかめる！

入試によく出る重要ポイントには、重要マークや入試に出る！マークをつけ、まんがの中に出てくる重要な用語は、赤く太い文字になっているので、おさえるポイントが一目でわかります。

第2章 日本の食料生産

第1節 米づくりがさかんな地域《ちいき》

1．米づくりがさかんな地域 …… 40
2．米づくりの仕事 …… 42
3．生産《せいさん》を高めるくふう …… 44
4．米づくりをめぐる動き …… 48

第2節 野菜《やさい》とくだものづくり

1．野菜づくりがさかんな地域 …… 50
2．くだものづくりがさかんな地域 …… 54
3．野菜とくだものをめぐる動き …… 58
要点整理と重要事項のまとめ❸ …… 60
重要事項の一問一答❸ …… 61

第3節 工芸《こうげい》作物と畜産《ちくさん》

1．工芸作物の生産 …… 62
2．畜産がさかんな地域 …… 64
3．畜産をめぐる動き …… 68

第4節 水産業《すいさんぎょう》をめぐる動き

1．水産業がさかんな日本 …… 70
2．漁業《ぎょぎょう》の種類《しゅるい》 …… 74
3．水産業をめぐる動き …… 78

第5節 日本の食料事情《しょくりょうじじょう》

1．日本の食料生産の変化《へんか》 …… 80
2．食料生産のいま …… 84
要点整理と重要事項のまとめ❹ …… 86
重要事項の一問一答❹ …… 87

❸ 重要ポイントに関連する知識《ちしき》も満さい！

重要ポイントや重要用語の理解をさらに深めるために、重要ポイントに関連する知識を、ページの左や右のはしと下のらん外に、マメ知識 や 重要用語 や 参考 としてのせています。

❹ 実力がついたかどうか、2段階《だんかい》で確認《かくにん》できる！

❶から❼まである「要点整理と重要事項のまとめ」と「重要事項の一問一答」と、巻末にある「入試問題にチャレンジ」で、実力を2段階で確認できます。

第3章　日本の工業

第1節　さまざまな工業

1．工業のしごと …… 88
2．重化学工業 …… 90
3．軽工業 …… 94
4．伝統《でんとう》工業 …… 96

第2節　工業がさかんな地域《ちいき》

1．工業が発達している地域 …… 100
2．各地《かくち》の工業地帯《ちたい》・工業地域《ちいき》 …… 104
要点整理と重要事項のまとめ⑤ …… 108
重要事項の一問一答⑤ …… 109

第3節　工業の特色《とくしょく》

1．日本の工業の特色 …… 110
2．日本の工業の今とこれから …… 114

第4節　環境《かんきょう》問題とエネルギー資源《しげん》

1．公害《こうがい》の発生、公害との戦い …… 116
2．環境問題への取り組み …… 120
3．日本の資源・エネルギー事情《じじょう》 …… 122
4．これからのエネルギー …… 126
要点整理と重要事項のまとめ⑥ …… 128
重要事項の一問一答⑥ …… 129

使い方

ステップ1

この本は、効果的《こうかてき》に学習できるように構成《こうせい》しているので、最初《さいしょ》から読み進めていくことをおすすめします。しかし、興味《きょうみ》のある事項《じこう》やちょっと苦手な事項を選《えら》んで、そこから読み始めてもかまいません。

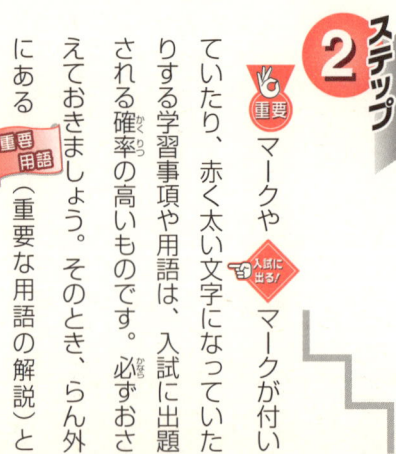

ステップ2

重要マークや入試に出る!マークが付いていたり、赤く太い文字になっていたりする学習事項や用語は、入試に出題される確率《かくりつ》の高いものです。必《かなら》ずおさえておきましょう。そのとき、らん外にある重要用語（重要な用語の解説）と

第4章／日本の貿易・交通・通信

第1節 日本の貿易《ぼうえき》

1・日本の貿易の特色 …… 130
2・日本の貿易のおもな相手国 …… 134
3・日本の貿易の問題点 …… 138

第2節 日本の運輸《うんゆ》と情報《じょうほう》通信

1・さまざまな輸送手段《ゆそうしゅだん》 …… 140
2・輸送手段の移《うつ》り変《か》わり …… 142
3・発達《はったつ》する情報通信 …… 144

要点整理と重要事項のまとめ⑦ …… 148
重要事項の一問一答⑦ …… 149
入試問題にチャレンジ・問題①～③ …… 150
入試問題にチャレンジ・解答と解説 …… 156
重要用語五十音順さくいん …… 158

※とくにことわりのない場合、統計資料は、「日本国勢図会07/08」などをもとにしています。

参考（重要事項に関連する知識）や、マメ知識（重要ポイントの理解を深めるための知識）もおさえましょう。

ステップ3

「要点整理と重要事項のまとめ」と、「重要事項の一問一答」を2つまたは3つの節《せつ》ごとにのせています。まずここで数節単位《たんい》の実力確認《かくにん》をします。もしわからない場合は、本文にもどっておさらいをしましょう。そして全部読み終えたら、過去《かこ》の中学入試に出題された問題をまとめた「入試問題にチャレンジ①～③」で実力を試してみましょう。

第1節《せつ》：日本の国土

1 日本の位置《いち》と大きさ

地球上での日本の位置は，どのように示《しめ》すことができるのだろうか。また，日本の東西南北のはしの島は覚《おぼ》えておこう。領海《りょうかい》や経済《けいざい》水域《すいいき》の意味も理解《りかい》しておこう。

くる
くる

うーんうーん…
ダイチくん、何なやんでるの？
ソラ
ダイチ
たとえばボクに外国人の友達《ともだち》ができたとして…。
ハロー
その子に日本がどこにあるか聞かれたらどう答えればいいかと思って！
夜《よる》もねむられない～～!!
心配性《しょう》ねぇ～。
心配ご無用《むよう》…。
そんな時は、緯度《いど》と経度《けいど》を教えればよいっ!!
重要
これは、地球上の番地のようなものなのじゃ～!!
ドロ～～ン
カパッ
わーっ!?

重要用語

ユーラシア大陸《たいりく》…世界の6大陸の1つで，日本の西にある世界最大《さいだい》の大陸。西部のヨーロッパ州と，東部・南部のアジア州との2つの州にまたがっている。

まず、日本の地形や気候《きこう》の特色《とくしょく》、人口について見ていこう。また、地形図の見方も覚《おぼ》えよう。

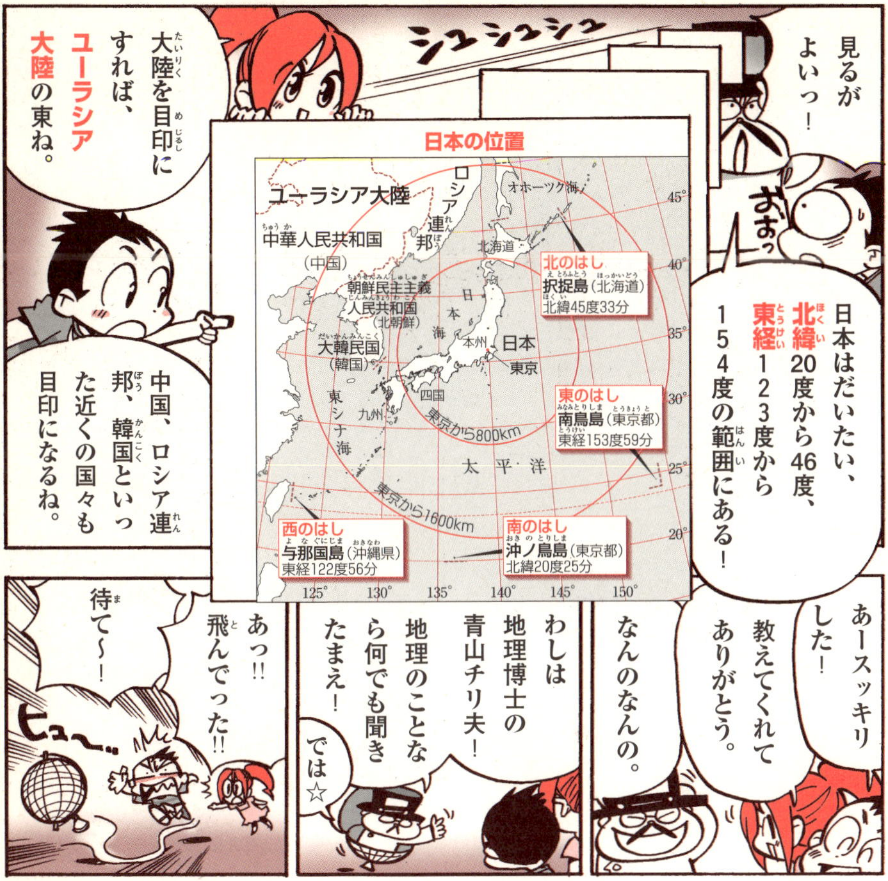
見るがよいっ！
シュシュシュ
大陸《たいりく》を目印《めじるし》にすれば、ユーラシア大陸の東ね。
日本の位置
ユーラシア大陸
ロシア連《れん》邦《ぽう》
中華《ちゅうか》人民共和国（中国）
朝鮮民主主義人民共和国（北朝鮮）
大韓民国《だいかんみんこく》（韓国）
東シナ海
日本海
オホーツク海
北海道
本州
四国
九州
日本
東京
太平洋
東京から800km
東京から1600km
北のはし 択捉島《えとろふとう》（北海道《ほっかいどう》）北緯《ほくい》45度33分
東のはし 南鳥島《みなみとりしま》（東京都《とうきょうと》）東経《とうけい》153度59分
南のはし 沖ノ鳥島《おきのとりしま》（東京都）北緯《ほくい》20度25分
西のはし 与那国島《よなぐにじま》（沖縄県《おきなわ》）東経122度56分
45° 40° 35° 30° 25° 20°
125° 130° 135° 140° 145° 150°
日本はだいたい、北緯《ほくい》20度から46度、東経《とうけい》123度から154度の範囲《はんい》にある！
おおっ
中国、ロシア連《れん》邦《ぼう》、韓国《かんこく》といった近くの国々も目印になるね。
あースッキリした！
教えてくれてありがとう。
なんのなんの。
わしは地理博士の青山チリ夫！
地理のことなら何でも聞きたまえ！
では☆
あっ!! 飛《と》んでった!!
待《ま》て〜！
ヒュ〜…

マメ知識

日本と経度《けいど》がほぼ同じ国にオーストラリアがある。日本から南へまっすぐ進み、赤道をこえてさらにまっすぐ進むとオーストラリアに着く。オーストラリアは南半球にあるので、日本とは季節《きせつ》は逆《ぎゃく》になるが、経度がほぼ同じなので、時差《じさ》がほとんどない。

もっとくわしく

地球上の番地 緯度《いど》と経度《けいど》

緯度は赤道を0度として、南北それぞれ90度ずつに分けた数字である。

経度は、イギリスのロンドン郊《こう》外《がい》のグリニッジ天文台あとを通る経線を0度としている。経度は、この0度の経線（本初子午線《ほんしょしごせん》）を基準に、東西それぞれ180度ずつに分けた数字である。本初子午線より東が東経、西が西経になる。

緯度と経度

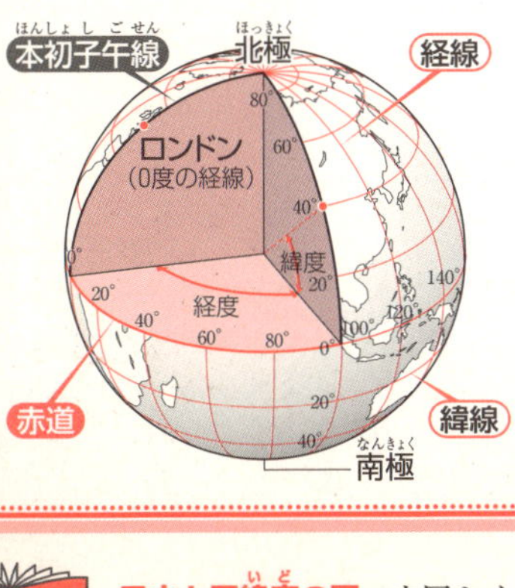
本初子午線《ほんしょしごせん》
北極《ほっきょく》
経線
ロンドン（0度の経線）
緯度
経度
赤道
緯線
南極《なんきょく》
80° 60° 40° 20° 0°
20° 40° 60° 80° 100° 120° 140°

参考 **日本と同緯度《いど》の国**…中国やイラン，トルコ，ヨーロッパのイタリア・スペインなど。また，アフリカ北部のエジプトやアルジェリアなどもほぼ同緯度地域《ちいき》にある。

とーちゃんからもらった地球儀《ぎ》だ！返せ〜っ！
おまえみたいな地理オンチにもったいない。
じゃ、クイズ！日本はいくつの島でできているか!?
北海道、本州、四国、九州、沖縄《おきなわ》で…、
5つ!!
ブブーッ！ほかにも7000ぐらいの小さな島があって、これらすべてが日本の領土《りょうど》じゃ!!
まちがえた1っ!!
7000ぐらい
全体で約《やく》38万km²ぐらいの面積《めんせき》じゃぞ。
アメリカやおとなりの中国に比《くら》べると、ずいぶんせまいのね。
中国
日本
アメリカ
しかし周《まわ》りが海で囲《かこ》まれているから、海の広さではいばれるぞ!!
領海《りょうかい》といって、海だってリッパな日本の領域《りょういき》だからな！
ザパーッ
ほかにも、日本にとって大事な役割《やくわり》を持つ水域《すいいき》がある。
この島を見よ！
沖《おき》ノ鳥島《とりしま》
島？これがぁ？

マメ知識

日本の面積《めんせき》は、世界の190ほどの国々の中で60番目くらいで、比《ひ》かく的《てき》広いほうに入る。日本と同じくらいの面積の国には、アジアではベトナムやマレーシア、ヨーロッパではドイツやノルウェーなどがある。

参考 **日本の大きな島**…面積《めんせき》が大きい順《じゅん》に，本州，北海道，九州，四国。以下《いか》，択捉《えとろふ》島，国《くな》後《しり》島，沖縄《おきなわ》島，佐渡《さど》島，大島（奄美《あまみ》大島），対馬《つしま》，淡路《あわじ》島と続《つづ》く。

マメ知識

日本は海に囲《かこ》まれた島国で、離島《りとう》も多いため、世界でも広い経済水域《けいざいすいいき》をもっているといえる。日本の国土面積《めんせき》はアメリカ合衆国《がっしゅうこく》の約《やく》25分の1だが、経済水域の面積は2分の1ほどである。

今にもしずみそうなコンクリートのかたまりじゃん…。
不吉《ふきつ》なことを言うでない！
ザパーン
この島は日本の経《けい》済水域《ざいすいいき》のために大切な島なのじゃ!!
入試に出る！
経済水域とは？
＊排他的《はいたてき》経済水域ともいう。
200海里
＊領海は経済水域にふくまれない。
おもに沿岸《えんがん》から200海里（約370km）の範囲《はんい》の水域で，この水域内の水産資源《すいさんしげん》や鉱産資源《こうさんしげん》は，沿《えん》岸《がん》国のものとされている。
この島がなくなっちゃうと、その周辺《しゅうへん》の資源がゴッソリなくなっちゃうの!?
消えないように大きく書いとこう!!
地球儀に書いても仕方ないのよ。
やっぱりこいつにゃもったいない。
ゴキュキュ

もっとくわしく

北方領土

日本固有《こゆう》の領土《りょうど》

北海道北東部の択捉《えとろふ》島・国後《くなしり》島・色丹《しこたん》島・歯舞諸島《はぼまいしょとう》を北方領土という。もとからの日本の領土だが、第《だい》二次世界大戦《たいせん》後、ソ連《れん》（現《げん》在《ざい》のロシア連邦《れんぽう》）が占領《せんりょう》した。日本は返還《へんかん》を要求《ようきゅう》しているが、まだ実現《じつげん》していない。これらの島々の周辺《しゅうへん》は魚の豊富《ほうふ》なよい漁場《ぎょじょう》として重要《じゅうよう》である。

北方領土

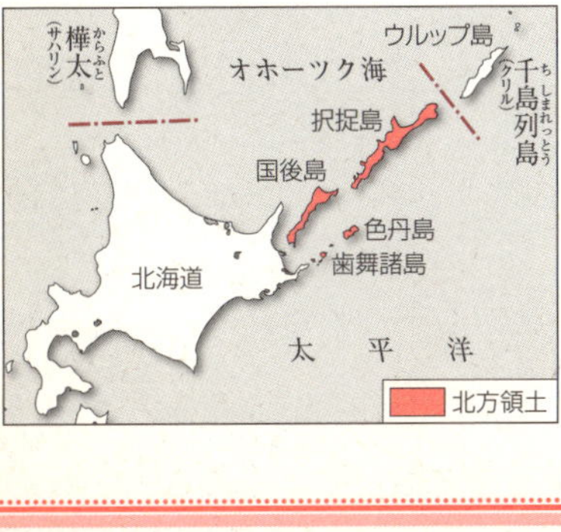
樺太《からふと》（サハリン）
オホーツク海
ウルップ島
千島列島《ちしまれっとう》（クリル）
択捉島
国後島
色丹島
歯舞諸島
北海道
太平洋
北方領土

参考

国の領域《りょういき》…国の領域は，領土《りょうど》（陸地《りくち》）と領海《りょうかい》，領空《りょうくう》（領土と領海の上空）からなる。領海の範囲《はんい》は国によってちがうが，日本の場合は海岸線から12海里（約《やく》22km）。

第1節《せつ》：日本の国土

2 日本の地形

日本は山がちな地形で，活動が活発な火山も多い。おもな山地や山脈《さんみゃく》は覚《おぼ》えておこう。また，山地から流れ出す川がつくる地形についてもおさえておこう。

バラバラバラ…
「日本の屋根」と呼ばれる、日本アルプスじゃ！
わー、高い山がいっぱい！
飛騨《ひだ》山脈
木曽《きそ》山脈
赤石《あかいし》山脈
日本はじつに国土の約《やく》4分の3が山地なのじゃよ。
もしかしてその中にはふん火する山があったりするの？
地形の割合《わりあい》
重要
その他
台地
低地
山地
総面積 37万7900km²
※丘《きゅう》りょう地は山地にふくめる。
活動が活発な火山が多いぞ。
もくもく
もく
桜島《さくらじま》（鹿児島《かごしま》県）
ぎえーーっ!!
火山のくぼ地に湖（カルデラ湖）ができている所もあるね！ きれい！
そんなことよりにげようよ～っ！
国外《こくがい》逃亡《とうぼう》
ち ず
火山の近くには温泉《おんせん》も多いんですって！
にげるのやめた！
ごくらくごくらく
どっちやねん

マメ知識

日本の地形は、静岡《しずおか》県静岡市と新潟《にいがた》県糸魚川《いといがわ》市を結《むす》ぶフォッサマグナ（大地溝帯《だいちこうたい》）を境《さかい》に、地形が大きく変化《へんか》している。この地帯《ちたい》より東では山地・山脈《さんみゃく》は南北に、西では東西にのびている。また西日本では、南部の紀伊《きい》山地や四国山地、九州山地のほうが北部の山地よりけわしい。

重要用語

カルデラ湖…火山の頂上《ちょうじょう》部分がかんぼつしてできたくぼ地をカルデラといい，ここに水がたまってできた湖《みずうみ》をカルデラ湖という。

マメ知識

中央高地の飛騨《ひだ》・木曽《きそ》・赤石山脈《あかいしさんみゃく》をまとめて日本アルプスという。これは、ヨーロッパのけわしく美しいアルプス山脈にならった呼び名《よびな》で、明治《めいじ》時代にイギリスの登山家が名づけた。3つの山脈は、北から順《じゅん》に、北アルプス、中央アルプス、南アルプスとも呼ばれる。

山地って、日本の背骨《せぼね》みたいに見えるわね。
うむっ！いいこと言うな！
日本アルプスはけわしい山脈じゃが、北上《きたかみ》高地や中国山地など、なだらかな山々もあるんじゃよ。
日本のおもな山地と山脈
入試に出る！
北見《きたみ》山地
日高《ひだか》山脈
出羽《でわ》山地
越後《えちご》山脈
飛騨《ひだ》山脈
木曽《きそ》山脈
中国《ちゅうごく》山地
筑紫《つくし》山地
北上《きたかみ》高地
奥羽《おうう》山脈
阿武隈《あぶくま》高地
関東《かんとう》山地
赤石《あかいし》山脈
日本アルプス
四国《しこく》山地
紀伊《きい》山地
九州《きゅうしゅう》山地
海岸にだってこんなおもしろい地形があるぞ。
ギザギザだ
こっちはキレイな砂浜《すなはま》ね。
日本って小さいのに地形が複雑《ふくざつ》できれいだわ〜。
山《やま》
湖《みずうみ》
半島《はんとう》
湾《わん》
おもしろ〜い
まるで小さいのに複雑で美しい少年のボクみたい…。
さっ！次は川と平野を見ることにしよう。
はい。

砂浜海岸（九十九里浜《くじゅうくりはま》）（千葉県）

リアス（式）海岸（志摩《しま》半島）（三重《みえ》県）

重要用語

リアス（式）海岸…入《い》り江《え》とみさきが入り組んだ海岸地形。山地が海にしずんでできた。東北地方の三陸《さんりく》海岸や福井《ふくい》県の若狭湾《わかさわん》，三重《みえ》県の志摩《しま》半島などに見られる。

日本の川って短いんだなあ～!!
日本の川と世界の川
利根《とね》川322km
信濃《しなの》川367km
ライン川1320km
メコン川4425km
アマゾン川6516km
高さ（m）
4000
3000
2000
1000
0
長さ（km）
0
1000
2000
3000
4000
5000
6000
7000
「理科年表」
信濃《しなの》川って日本では一番長い川なのにね。
いや、短《みじか》いから。
信濃川をはじめとする日本の川じゃが、外国の川と比《くら》べると急こう配なんじゃ。
ジャパーーッ
なぜだかわかるか!?
日本人がすべり台大好《す》きの国民《こくみん》だから!!
日本はせまい国土に山地が多くて海がせまっているからでしょ？
ピンポーン！
わ〜
だから、山から流れ出る川はすぐ海へ出る！
ザーーッ
海《うみ》
川の流れが速いからものがドンドン流れる！
土や石も流れるのね。
人も流れる!!
ゴーー
ゴー
こうして流された土砂《どしゃ》が積《つ》もって平野ができる。
日本の平野の多くはこうしてできたんじゃ。

マメ知識

日本の川の長さは、1位《い》が信濃《しなの》川で、以下《いか》、利根《とね》川、石狩《いしかり》川、天塩《てしお》川だが、流域面積《りゅういきめんせき》の広さは利根川、石狩川、信濃川、北上《きたかみ》川の順《じゅん》。世界の川は、長さはナイル川、アマゾン川、長江《ちょうこう》、ミシシッピ川の順。

重要用語

扇状地《せんじょうち》…川が山地から平地に出る所に土砂《どしゃ》を積《つ》もらせてできる地形。扇《おうぎ》のような形をした，ゆるやかなけいしゃ地である。山梨《やまなし》県の甲府盆地《こうふぼんち》は，その例。

マメ知識

川がつくる地形には河岸段丘《かがんだんきゅう》もある。これは、川の両側《りょうがわ》で、平らな所と急斜面《きゅうしゃめん》の所とが交互《こうご》に階段《かいだん》のようになった地形である。川の浸食《しんしょく》や川《かわ》底《そこ》の隆起《りゅうき》によって、このような地形になる。

平地には平野のほかにもいろんな地形があってな…。
お盆《ぼん》みたいな盆地！
おぼん
台みたいな台地があるぞ！
入試に出る！
いろいろな地形
盆地
（山地に囲《かこ》まれた平地）
扇状地《せんじょうち》
平野（海に面した平地）
三角州《す》
台地
（平野より高い台状《じょう》の平地）
扇状地《せんじょうち》と三角州《さんかくす》ってどうちがうんだ？
どっちも三角《さんかく》っぽい…
このようにできたみたいよ。
三角州
川が海に出る所にできる。
海
扇状地
川が山地から平地に出る所にできる。
わたしたちが暮《く》らしてる平地って、川とつながりが深いのね！
うむ。川に敬意《けいい》を表してバナナもカワまで食べよう!!
わははははは
カワってるぅ…。
ムシャムシャ
ちず

重要用語

三角州《す》…川が海や湖に出る所に土砂《どしゃ》を積《つ》もらせてできる三角形に似《に》た地形。低湿《ていしつ》なので，耕地《こうち》は水田に利用《りよう》されることが多い。

第2節《せつ》：地形図の見方

1 地形図のきまり

縮尺《しゅくしゃく》や地図記号，等高線など，地形図を読み取るために必要《ひつよう》な地図のきまりを覚《おぼ》えよう。等高線からは，土地の高さやかたむきもつかめるようにしておこう。

マメ知識

いろいろな縮尺《しゅくしゃく》の地図のうち、縮尺が1万分の1くらいの地図は市町村のようすを調べるのに適《てき》している。また、教科書の1ページに日本全体が入るくらいだと、その縮尺は、およそ700万分の1か800万分の1である。

これがぼくんちの周《まわ》りの地図！
えき
ねこ
ぼくんち
ソラちゃん今度遊びに来て！
どひゃ～
×とか△とか何？駅から何分かかるの～～？
わけわかんない
地図はだれが見てもわかるようかかんとのう。
そのために、地図にはいろいろなきまりがある。それに基《もと》づいて地表のようすを縮《ちぢ》めて表したものが**地形図**じゃ！

5万分の1の縮尺の地形図（右と同じ場所）（国土地理院）

1万分の1の縮尺《しゅくしゃく》の地形図（国土地理院）

重要用語

縮尺《しゅくしゃく》…実際《じっさい》のきょりを地図上に縮《ちぢ》めた割合《わりあい》。地図上では，縮尺の目《め》もりが示《しめ》されるほか，1：50000などのように表されている場合がある。

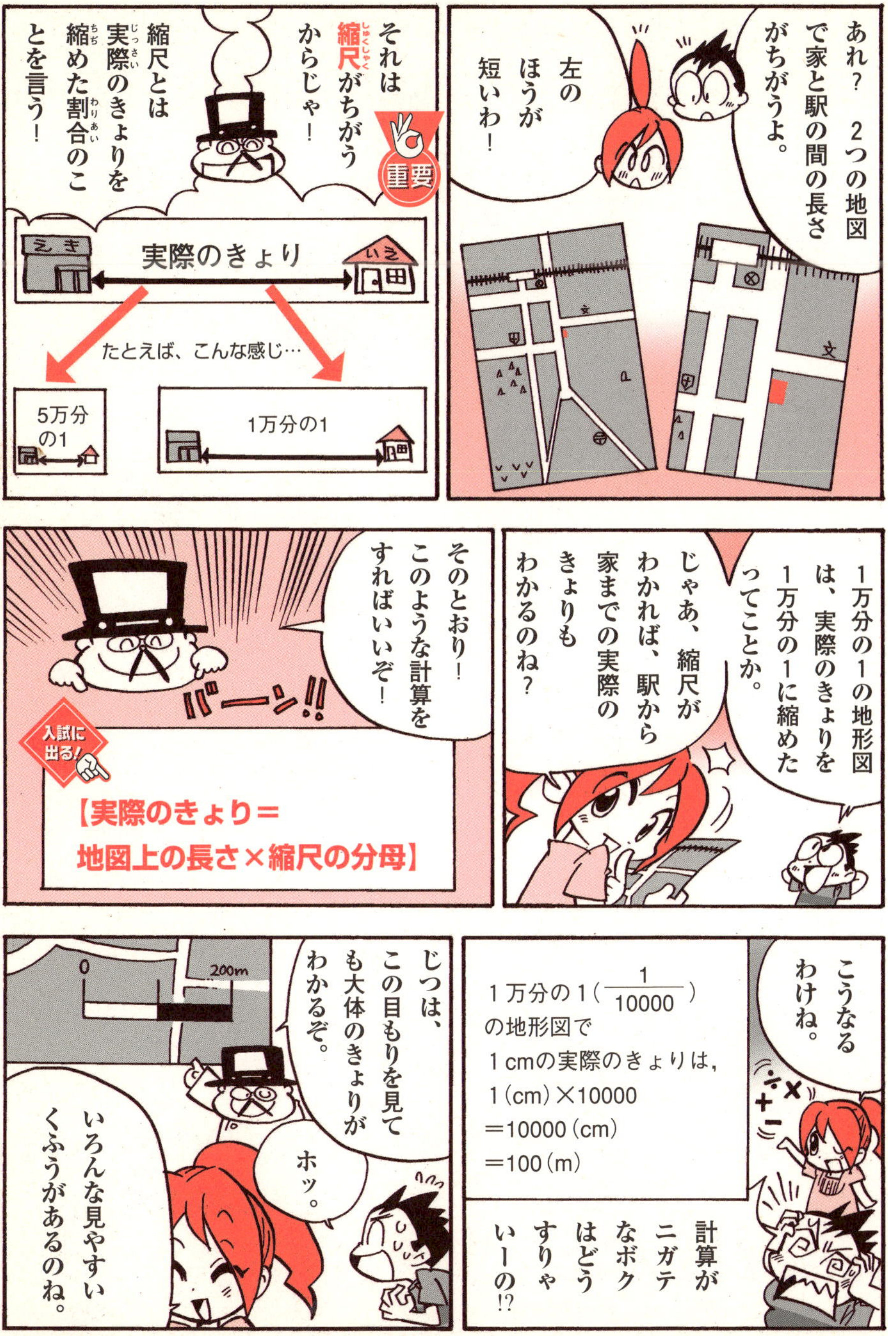
あれ？ 2つの地図で家と駅の間の長さがちがうよ。
左のほうが短いわ！
文
それは縮尺《しゅくしゃく》がちがうからじゃ！
重要
縮尺とは実際《じっさい》のきょりを縮《ちぢ》めた割合《わりあい》のことを言う！
えき
いえ
実際のきょり
たとえば、こんな感じ…
5万分の1
1万分の1
1万分の1の地形図は、実際のきょりを1万分の1に縮めたってことか。
じゃあ、縮尺がわかれば、駅から家までの実際のきょりもわかるのね？
そのとおり！このような計算をすればいいぞ！
バーン!!
入試に出る！
【実際のきょり＝地図上の長さ×縮尺の分母】
こうなるわけね。
1万分の1（$\frac{1}{10000}$）の地形図で
1cmの実際のきょりは，
1(cm)×10000
＝10000(cm)
＝100(m)
計算がニガテなボクはどうすりゃいーの!?
じつは、この目もりを見ても大体のきょりがわかるぞ。
0
200m
ホッ。
いろんな見やすいくふうがあるのね。

マメ知識

地図は次のようにして作る。①三角点や水準《すいじゅん》点を基準《きじゅん》にして場所の位置《いち》を決める→②位置を決めたところが写るように空から写真をとる→③②でとった写真を元に地図をかく→④印刷《いんさつ》する。最近《さいきん》ではコンピュータで地形の高低《こうてい》を色分けするなどして、いろいろな地図が作られている。

参考

国土地理院…国土の調査《ちょうさ》や測量《そくりょう》を行い，地図を発行している機関《きかん》。2万5000分の1地形図や5万分の1地形図，20万分の1地勢《ちせい》図などを発行している。

○△町では くだもの作り、
フムフム
×○町では 米づくりが さかん、か…。
地図を見ただけでどうしてわかるの?
マークが書いてあるだけなのに…。
フッフッフッ。
このマークが大切なんじゃ!
これらは地図記号!! いろんなことがわかるんじゃ!
地図記号はその土地が何に利用《りよう》されているかを示《しめ》しているんじゃ。
おもな土地利用の地図記号
田(水田)
畑・牧草地《ぼくそうち》
果樹《かじゅ》園
茶畑
なるほど! ひと目でわかるわ。
どんな樹木《じゅもく》が生えているかもわかる!
広葉樹《じゅ》林(ブナ、カエデなど)
針葉樹《しんようじゅ》林(マツ、スギなど)
土地利用のほか、建《たて》物《もの》・施設《しせつ》についてもわかりやすいようにカンタンな形で表しているぞ!
ごらんあれ
警察署《けいさつしょ》
2本の警棒《けいぼう》
神社
鳥居《とりい》の形
それは?
博士《はかせ》の記号!
もちろんこんなのない。

マメ知識

地図記号は、時代によって新しくつくられる記号もあるが、廃止《はいし》される記号もある。最近《さいきん》は風力発電用の風車や老人《ろうじん》ホームの地図記号が生まれたが、昔は粉《こな》をひくための水車の地図記号もあった。

重要用語

三角点…各《かく》地点間の方位《ほうい》ときょりを測定《そくてい》するときの位置《いち》を決める基準《きじゅん》となる地点。山《さん》頂《ちょう》など見晴らしのよい所に設《もう》けられている。

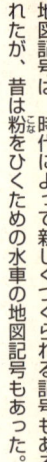

マメ知識

高さや位置《いち》を示《しめ》すための地図記号には、水準点《すいじゅん》や三角点のほかに電子基準点《きじゅん》もある。これは、人工衛星《えいせい》の信号《しんごう》を受信して正確《せいかく》な位置を求《もと》めている地点である。

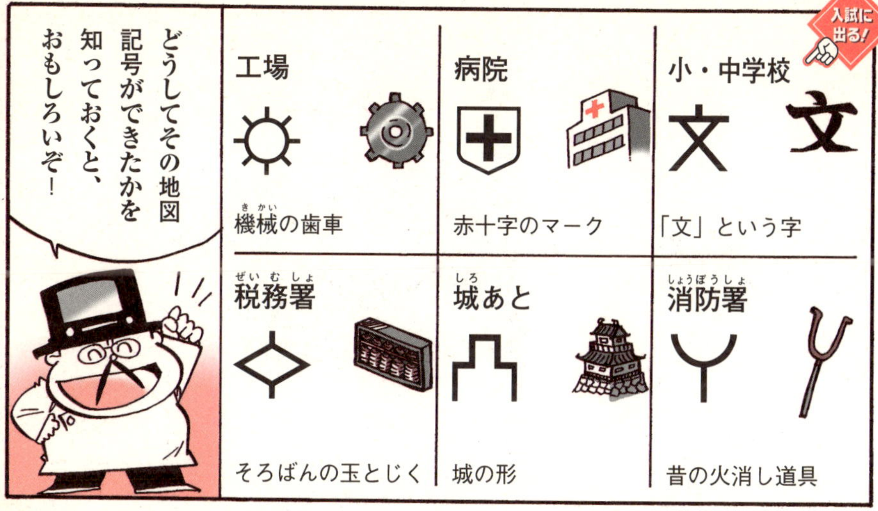
どうしてその地図記号ができたかを知っておくと、おもしろいぞ！
入試に出る！
工場
機械《きかい》の歯車
病院
赤十字のマーク
小・中学校
「文」という字
税務署《ぜいむしょ》
そろばんの玉とじく
城《しろ》あと
城の形
消防署《しょうぼうしょ》
昔の火消し道具

こんな記号もあったよ。
21.7
52.6
上は三角点で、下は水準点《すいじゅん》じゃ。数字が標高《ひょうこう》を表しておる。
標高《ひょうこう》

どうじゃ！ 地形図にはいろんな情報《じょうほう》がつまっとるじゃろ！
地形図を読めれば、いろんなことがわかるんじゃ！
どれどれ
ちず

もっとくわしく

社会の変化《へんか》につれて生まれる

新しい地図記号

最近《さいきん》生まれた新しい地図記号のうち、風車と老人《ろうじん》ホームの地図記号は、2006年に、小中学生の考えたデザインをもとに取り入れられた。風車は、近年注目され、各地《かくち》につくられるようになっている風力発電用の風車である。また、老人ホームは、近年の高齢《こうれい》社会の進展《しんてん》につれて増《ふ》えている施設《しせつ》。どちらも、近年の産業《さんぎょう》や社会の変化《へんか》によって生まれた地図記号だ。

新しい地図記号

図書館
（本を開いた形）
博物館《はくぶつかん》・美術館《びじゅつかん》
（建物の形）
風　車
（風車の形）
老人ホーム
（家の中につえの形）

重要用語

水準点《すいじゅんてん》…土地の高さを測量《そくりょう》するときの基準《きじゅん》となる地点。おもな道路で約《やく》2kmごとに設《もう》けられている。

さあ、登るわよ！
なるべくユルい坂のほうから登ろうよ〜。
もうつかれてるのか、ダイチくん…。
それなら、東の斜面《しゃめん》から登るのがよいぞ！
えっ!?
山を見ないでどうしてわかるの!?
この地図の線の間かくを見ればいいんじゃ。
もしかしてエスパー…？
1:25000
これは、等高線《とうこうせん》ね！同じ高さの地点を結《むす》んだ線なのよね。
重要
間かくが広い。
間かくがせまい。
急
なだらか
そう！等高線の間かくが広いところはかたむきがゆるやかなんじゃ。
入試に出る！
つまり、こういうことね。
きついー っ
あーラク♪

マメ知識

広葉樹《こうようじゅ》とは、ブナやカエデなどのはばの広い葉をもつ木のことで、秋になると紅葉《こうよう》する。秋、地形図を持ってハイキングするときは、広葉樹林の地図記号が多く見られる所をめざせば、美しい紅葉を見ることができる。

重要用語

等高線《とうこうせん》…高さの等《ひと》しい地点を結《むす》んだ線。おもに太い線の計曲線と細い線の主曲線がある。

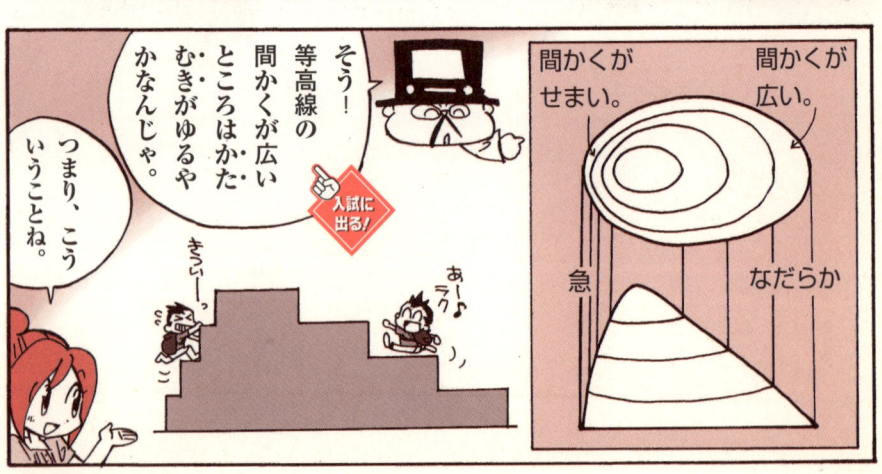

等高線が引かれる標高《ひょうこう》は、縮尺《しゅくしゃく》によって決まっとるんじゃよ。
計曲線
100m
32
主曲線
130m
1：25000
等高線の数を数えれば頂上《ちょうじょう》のおよその高さもわかるのね。
でも、なだらかな斜面が東だってことはどうしてわかったの？
地図では、とくにことわりがない場合、上が北なのよ。
これでもけっこうキツいな〜…
だから右は東じゃな。
おそいのう、君たち。
頂上《ちょうじょう》
ズルい〜〜!!
ぼくらものせてよ〜

	2万5000分の1の地形図	5万分の1の地形図
主曲線（細い線）	10mごと	20mごと
計曲線（太い線）	50mごと	100mごと

マメ知識

地図のうち、航海《こうかい》などに利用《りよう》する地図を海図という。水深や海流の向きのほか、海底《かいてい》のようすや地質《ちしつ》なども表された地図もあり、海底の地形図になっている。水深を表す線は等高線ではなく等深線という。

もっとくわしく

等高線《とうこうせん》で読みとる

谷と尾根《おね》

山地の細長いくぼ地を谷といい、谷と谷の間で、みねが連《つら》なっている所を尾根という。地形図では、等高線が山頂《さんちょう》に向かってくいこむように曲がっている所が谷で、等高線が山頂から山ろくのほうに張《は》り出している所が尾根である。等高線から谷と尾根を見つけることで、山地の形をつかむことができる。

谷と尾根

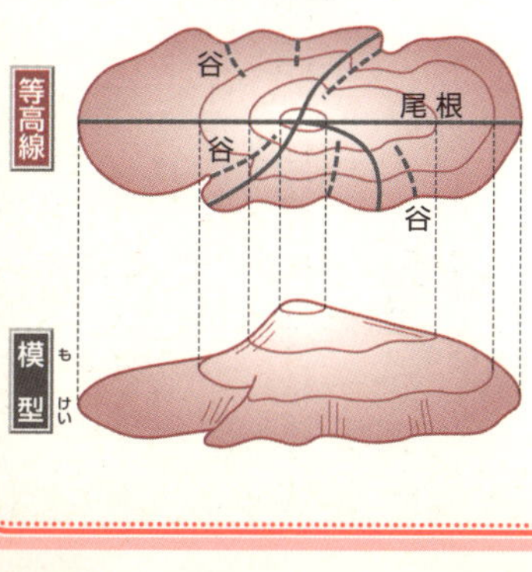
等高線
谷
尾根
谷
谷
模型《もけい》

参考

日本水準《すいじゅん》原点…日本の標高《ひょうこう》の基準《きじゅん》となる地点で，東京都千代田《ちよだ》区の国会議事堂《ぎじどう》近くにある。この地点の標高は24.4140mで，東京湾《わん》の平均《へいきん》海面から測《はか》っている。

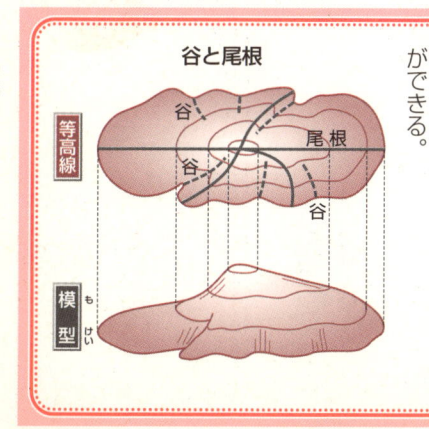

第2節《せつ》：地形図の見方

2 いろいろな地図

地図には，実際《じっさい》に測量《そくりょう》して作った地図や，それをもとに編集《へんしゅう》した地図がある。また，縮《しゅく》尺《しゃく》も地図によってさまざまである。目的《もくてき》に合った地図を利用《りよう》するようにしよう。

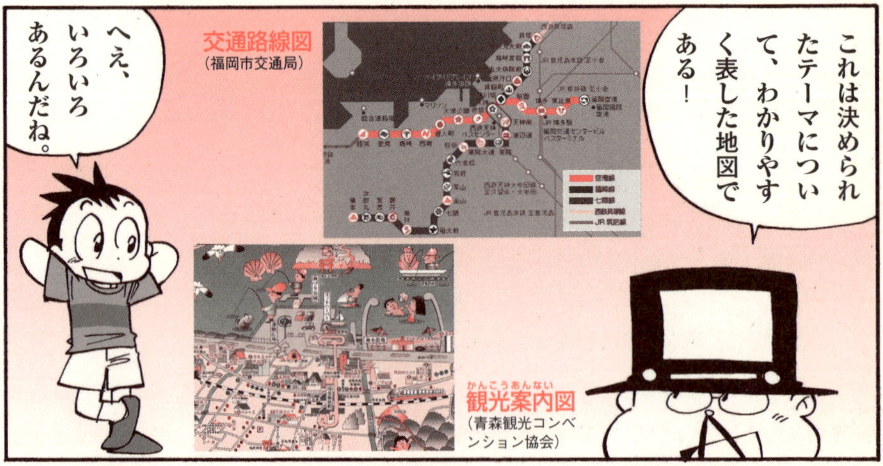
これは決められたテーマについて、わかりやすく表した地図である！
へえ、いろいろあるんだね。
交通路線図
（福岡市交通局）
観光案内《かんこうあんない》図
（青森観光コンベンション協会）

でも、土地の高さや土地利用《りよう》について調べるには地形図が見やすいわね。
市のようすを調べるにはどんな地形図がいいのかな？
1万分の1とか2万5000分の1とか、縮尺《しゅくしゃく》の大きな地形図を見るといい。
縮尺の分母が小さいほど、縮尺が大きいというんじゃ。

マメ知識

日本で初《はじ》めて、実際《じっさい》に測量《そくりょう》して全国の地図をつくったのは江戸《えど》時代後半の伊能忠敬《いのうただたか》で、忠敬が歩いたきょりは、歩数にすると約《やく》4000万歩になるという。明治《めいじ》時代以降《いこう》、国は近代測量に基《もと》づいて全国の地図をつくったが、忠敬の地図の一部は昭和《しょうわ》の初めまで使われていた。

参考

主題図…地図のうち，特定《とくてい》のテーマ（主題）について表した地図を主題図という。主題図には土地利用《りよう》のようすを色でぬり分けた土地利用図などがある。

マメ知識

地形図作りの空中測量《そくりょう》は、測量用カメラをとりつけた飛行機《ひこうき》で、上空約《やく》6kmからさつえいする。このとき、目標地域《もくひょうちいき》のとなり合う写真が約《やく》60％ほど重なるようにさつえいする。あとで重複《ちょうふく》させた写真を組み合わせて見ることで、地形を立体的《てき》にとらえるためである。

2万5000分の1のほうが細かくわかるわ。
公園のようすもよくわかる！

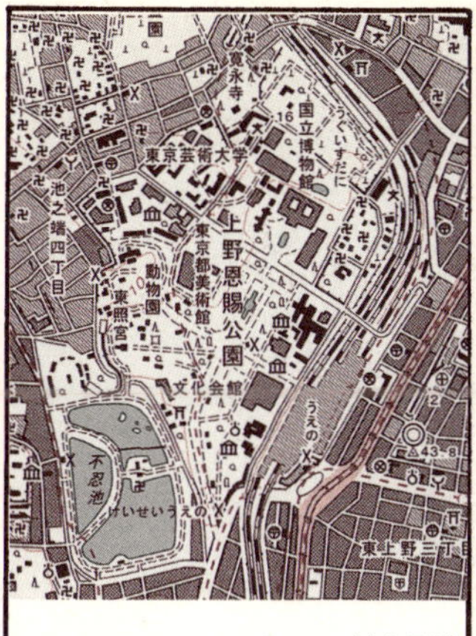
寛永寺
国立博物館
東京芸術大学
池之端四丁目
上野恩賜公園
東京都美術館
動物園
東照宮
文化会館
不忍池
けいせいうえの
うえの
東上野三丁目

2万5000分の1地形図（右と同じ場所）
東京首都《しゅと》　（国土地理院）

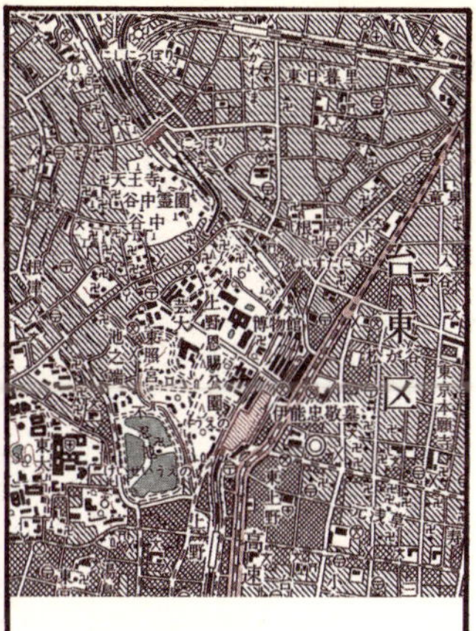
東日暮里
天王寺
谷中霊園
谷中
博物館
伊能忠敬墓
台東区

5万分の1地形図
東京東北部　（国土地理院）

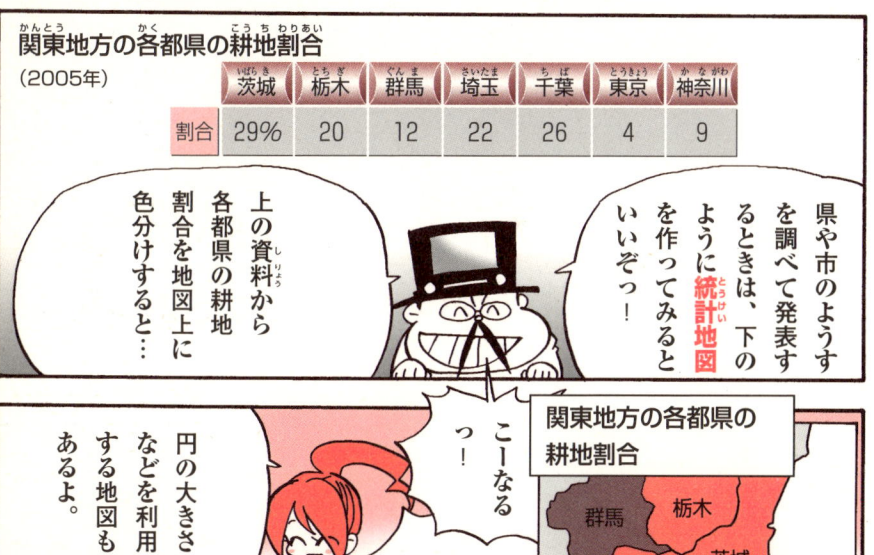

関東《かんとう》地方の各《かく》都県の耕地割合《こうちわりあい》

（2005年）

	茨城《いばらき》	栃木《とちぎ》	群馬《ぐんま》	埼玉《さいたま》	千葉《ちば》	東京《とうきょう》	神奈川《かながわ》
割合	29%	20	12	22	26	4	9

県や市のようすを調べて発表するときは、下のように統計地図《とうけい》を作ってみるといいぞっ！
上の資料《しりょう》から各都県の耕地割合を地図上に色分けすると…

関東地方の各都県の耕地割合
群馬
栃木
茨城
埼玉
東京
神奈川
千葉
20～30％未満
10～20％未満
10％未満
こーなるっ！
円の大きさなどを利用する地図もあるよ。
おおっ！ひと目でちがいがわかる！
米の生産量が多い道県
全国計 856万t
（2006年）
北海道《ほっかいどう》
秋田《あきた》
山形《やまがた》
新潟《にいがた》
岩手《いわて》
宮城《みやぎ》
福島《ふくしま》
茨城《いばらき》
栃木《とちぎ》
千葉《ちば》

参考

統計地図《とうけいちず》…統計資料《しりょう》などの数値《すうち》を示《しめ》した地図。地域別《ちいきべつ》の人口や農業生産額《せいさんがく》などを点や円，棒《ぼう》の大きさで表したものなどがある。

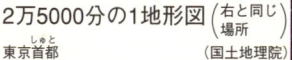

要点整理と重要事項のまとめ①

1.日本の国土

①日本の位置《いち》と大きさ

●**日本の位置**…**ユーラシア大陸《たいりく》**の東。**北《ほく》緯《い》**約《やく》20～46度，**東経《とうけい》**約123～154度。

●**日本の領土《りょうど》**…面積《めんせき》は約38万km^2。**北海道**，**本州**，**四国**，**九州**の4つの大きな島と7000ぐらいの小さな島。

●**東西南北のはし**…東端《とうたん》は**南鳥島**，西端は**与那国《よなぐに》島**，南端は**沖《おき》ノ鳥《とり》島**，北端は**択捉《えとろふ》島**。

●**経済水域《けいざいすいいき》**…沿岸《えんがん》から**200海里**の範囲《はんい》。

②日本の地形

●**山がちな地形**…国土の**約4分の3**が山地(丘《きゅう》りょう地は山地にふくめる)。

●**日本アルプス（日本の屋根）**…中央高地の**飛騨山脈《ひださんみゃく》**・**木曽《きそ》山脈**・**赤石《あかいし》山脈**。

●**リアス(式)海岸**…**出入りの多い海岸地形**。三陸《さんりく》海岸，若狭湾《わかさわん》岸などに発達。

●**川の特色**…いっぱんに**短く**，**流れが急**。

●**川がつくる地形**…谷口に**扇状地《せんじょうち》**，河口に**三角州《す》**。

2.地形図の見方

①地形図のきまり

●**縮尺《しゅくしゃく》**…実際《じっさい》のきょりを地図上に縮《ち》めた割合《わりあい》。

●**実際のきょりの求《もと》め方《かた》**…**地図上の長さ×縮尺の分母**

●**地図記号**…その土地が何に利用《りよう》されているかや，どんな建物《たてもの》・施設《しせつ》があるかなどを示す。

●**建物や施設《しせつ》の地図記号**… ◎ 市役所
☼ 工場　⊗ 警察署《けいさつしょ》　⊕ 病院
⛩ 神社

●**土地利用の地図記号**… ॥ 田（水田）
ˇˇ 畑・牧草《ぼくそう》地　ｏｏ 果樹《かじゅ》園

●**等高線《とうこうせん》**…同じ高さの地点を結《むす》んだ線。

●**等高線（主曲線）の間かく**…2万5000分の1地形図では**10mおき**，5万分の1地形図では**20mおき**。

●**土地のけいしゃ**…等高線の間かくがせまいところほど，**けいしゃが急**。広いところほど，**けいしゃはゆるやか**。

●**方位《ほうい》**…とくにことわりがない場合，**上が北**。

②いろいろな地図

●**縮尺のちがい**…縮尺が大きい地図ほど実際のようすが細かくわかる。縮尺の分母が小さいほど，**縮尺が大きい**という。

●**統計《とうけい》地図**…**統計資料《しりょう》**をもとに作った分《ぶん》布《ぷ》図《ず》など。

重要事項の一問一答 1

① 日本の国土

（▼答え記入らん）

①日本は，何という大陸の東に位置《いち》していますか。 ……

②日本列島《れっとう》の4つの大きな島は，北海道，四国，九州ともう1つは何ですか。 ……

③日本の北のはしの島は択捉島です。南のはしの島は何ですか。 ……

④沿岸《えんがん》国が水産資源《すいさんしげん》などに権利《けんり》をもつ経済水域は，おもに沿岸から何海里の範囲《はんい》ですか。 ……

⑤三陸海岸などには出入りの多い海岸地形が発達しています。この海岸を何といいますか。 ……

⑥川が山地から平地に出る所に土砂《どしゃ》を積《つ》もらせてできる扇《おうぎ》の形をした地形を何といいますか。 ……

② 地形図の見方

（▼答え記入らん）

①実際のきょりを地図上に縮めた割合《わりあい》のことを何といいますか。 ……

②5万分の1地形図上で2cmの長さは，実際には何mになりますか。 ……

③地図上では，とくにことわりがない場合，上はどの方位を示《しめ》していますか。 ……

④工場の地図記号は，⛨，⊗，⚙ のうちのどれですか。 ……

⑤ර の地図記号は，畑・牧草地，田（水田），果樹園のうちのどれを表していますか。 ……

⑥土地のけいしゃが急なところは，等高線の間かくはどうなっていますか。 ……

⑦１万分の1と5万分の1の地形図のうち，地表のようすが細かくわかるのはどちらですか。 ……

答え
① ①ユーラシア大陸　②本州　③沖ノ鳥島　④200海里　⑤リアス（式）海岸　⑥扇状地
② ①縮尺　②1000m　③北　④⚙　⑤果樹園　⑥せまくなっている　⑦１万分の1

第3節《せつ》：日本の気候《きこう》と自然災害《しぜんさいがい》

1 日本の気候

日本の気候は，大きく 6 つに分けることができる。それぞれどんな特色《とくしょく》があるか見ていこう。また，なぜそのような気候になるのかも理解《りかい》しておこう。

ん!?

もしもし
おばあちゃん、
元気？
元気
じゃよ。
新潟《にいがた》のおばあ
ちゃんから
電話ですって。
えー!?
そっちは今日
大雪なの!?
ポカポカ
こっちは
よい天気
同じ日本
なのに…。
風の
影響《えいきょう》じゃよ。

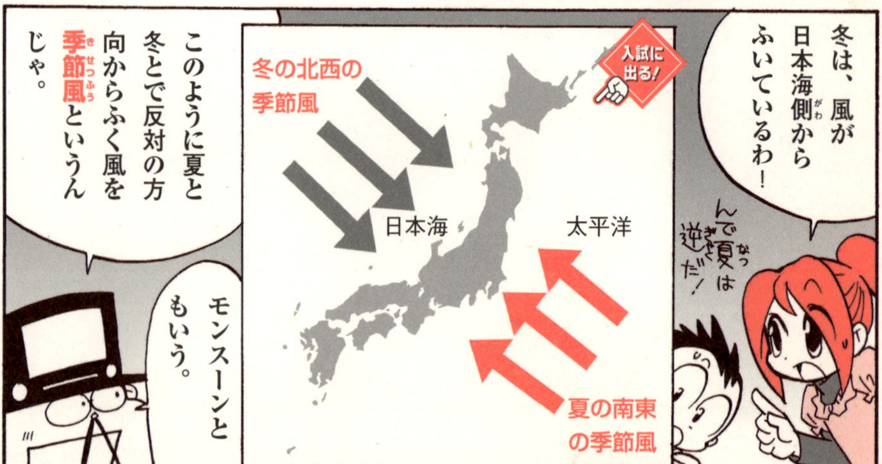
冬は、風が
日本海側《がわ》から
ふいているわ!
んで夏《なつ》は逆だ!
入試に出る!
冬の北西の
季節風
日本海
太平洋
夏の南東
の季節風
このように夏と
冬とで反対の方
向からふく風を
季節風《きせつふう》というん
じゃ。
モンスーンと
もいう。

マメ知識

近畿《きんき》地方の紀伊《きい》山地東部の大台ケ原《おおだいがはら》山周辺《しゅうへん》は、日本で最《もっと》も雨の多い地域《ちいき》の一つとして知られている。紀伊山地は、この雨の多さと温暖《おんだん》な気候《きこう》が豊《ゆた》かな森林を育て、昔から全国有数《ゆうすう》の林業地帯《ちたい》である。

重要用語

季節風《きせつふう》…モンスーンともいう。大陸《たいりく》東岸に強くふき，夏は海洋から，冬は内陸部からふく。日本では夏は太平洋からふく南東の風で，冬はユーラシア大陸からふく北西の風。

マメ知識

風が山地をこえるとき、風下側《がわ》で気温が上がり、空気がかんそうすることをフェーン現象《げんしょう》という。夏、東北地方の日本海側《がわ》や北陸《ほくりく》地方などでおこりやすく、山形県の山形市や酒田《さかた》市では40度をこす気温を記録《きろく》したことがある。

冬のしめった季節風が日本海側に雪を降《ふ》らせるんだね。
ピタピタ
太平洋側は晴れの日が多くてカラカラね。
冬の季節風
雪
冷《つめ》たくしめった大陸《たいりく》からの風
越後山脈《えちごさんみゃく》
かわいた風
日本海
越後平野
関東《かんとう》平野
太平洋
夏は、暖《あたた》かい南東の季節風の影響で、太平洋側では雨が多くなるんじゃ！
それで蒸《む》し暑《あつ》いのか～。
夏の季節風
雨
暖《あたた》かくしめった風
かわいた風
越後山脈
日本海
越後平野
関東平野
太平洋

降水量《こうすいりょう》のグラフを見ると、日本海側は冬の降水量が多いね！
正反対だ～！ほかの場所はどーなのかな!?

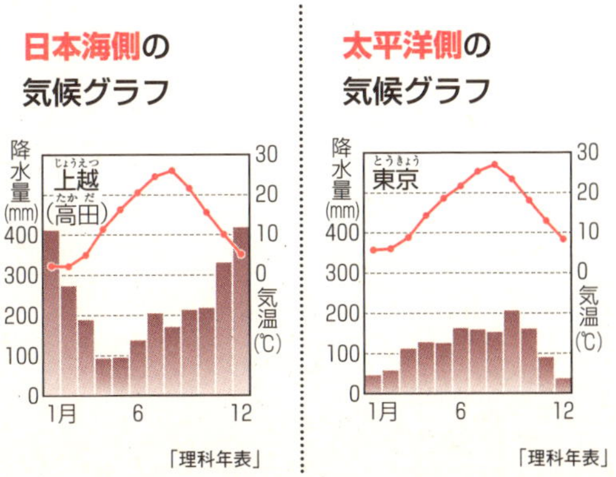
日本海側の気候グラフ
降水量(mm)
上越《じょうえつ》(高田《たかだ》)
気温(℃)
1月 6 12
「理科年表」
太平洋側の気候グラフ
降水量(mm)
東京《とうきょう》
気温(℃)
1月 6 12
「理科年表」

参考 **偏西風《へんせいふう》**…地球の中緯度地域《ちゅういどちいき》で一年じゅう西からふいている風。大陸《たいりく》西岸に強くふき，ヨーロッパ西部などの気候《きこう》に影響《えいきょう》をあたえている。

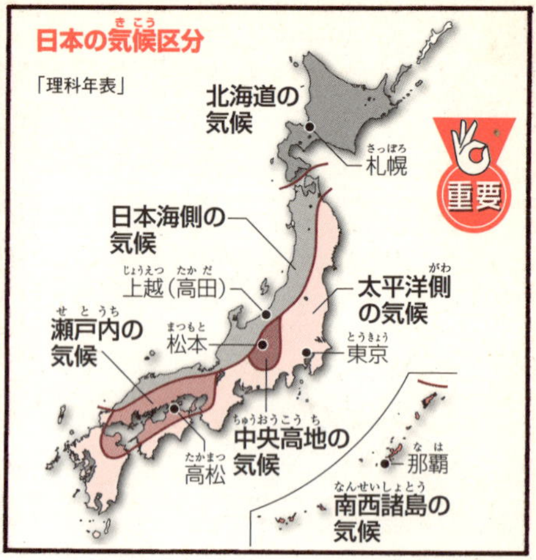

日本の気候《きこう》区分
「理科年表」
北海道の気候
札幌《さっぽろ》
重要
日本海側の気候
上越《じょうえつ》（高田《たかだ》）
太平洋側《がわ》の気候
瀬戸内《せとうち》の気候
松本《まつもと》
東京《とうきょう》
中央高地《ちゅうおうこうち》の気候
高松《たかまつ》
那覇《なは》
南西諸島《なんせいしょとう》の気候

中央高地とか瀬戸内って、どんな地形？
中央高地は周《まわ》りをけわしい山々に囲《かこ》まれておる。
瀬戸内は南と北に山地がある。

そういう地形の場合、季節風《きせつふう》は…。
夏も冬も山にさえぎられるんじゃない？
カラカラ
たまにはスルドいな、ダイチくん!!

そのとおり！だから1年を通して降水量《こうすいりょう》が少なくなるんじゃ！
たまには…って…

日本海側《がわ》や太平洋側に比《くら》べると降水量が少ないわね。
この2つ、降水量は似《に》ているけど、冬の気温は瀬戸内のほうが中央高地より高いや！
なんで？

瀬戸内の気候グラフ

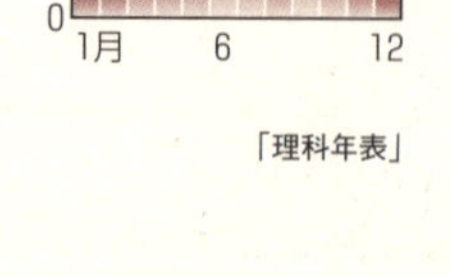

降水量(mm)
高松《たかまつ》
400
300
200
100
0
30
20
10
0
気温(℃)
1月
6
12

「理科年表」

中央高地の気候グラフ

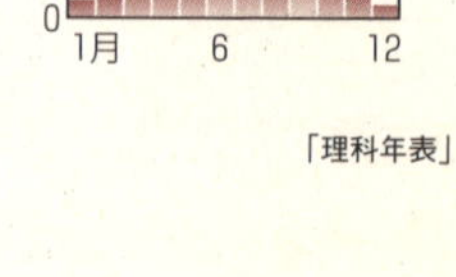

降水量(mm)
松本《まつもと》
400
300
200
100
0
30
20
10
0
気温(℃)
1月
6
12

「理科年表」

マメ知識

海水の一定方向への流れを海流という。このうち暖流《だんりゅう》の黒潮《くろしお》は最大《さいだい》時速が約《やく》9kmと速く、「海を流れる川」ともいわれる。黒潮は水温の関係で周りの海水より黒っぽいため、こう呼《よ》ばれる。

参考 **海洋性気候《せいきこう》と大陸性《たいりくせい》気候**…世界では，瀬戸内《せとうち》のように海の影響《えいきょう》を強く受ける気候を海洋性気候といい，内陸《ないりく》部の気候を大陸性気候という。

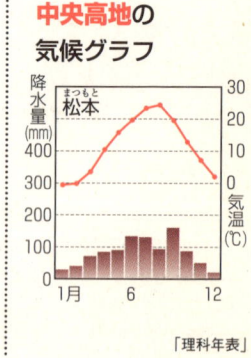

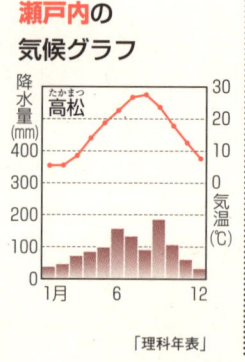

瀬戸内は、そこに面している海の影響《えいきょう》を受けているんじゃね。
ポヵ
ポヵ
暖《あたた》かい海
海が近いと、冬もあまり寒くならないの？
そう！逆《ぎゃく》に中央高地のような内陸《ないりく》地域《ちいき》は熱《ねっ》しやすく冷《さ》めやすいので、夏は暑く、冬はかなり寒いのじゃ！
1月の沖縄《おきなわ》
1月の北海道
ずいぶん気候がちがうね！
うむ！日本の大部分は温帯《おんたい》なんじゃが、北海道は冷帯《れいたい》（亜《あ》寒帯）、南西諸島《しょとう》は亜熱帯なのじゃよ！
へ〜〜っ！

マメ知識

山では、標高《ひょうこう》が100m高くなるごとに気温が約《やく》0・6度下がるといわれる。標高2000mの地点では標高0mの地点より12度下がることになる。そのため、世界では、低地が温帯《おんたい》や熱帯《ねったい》の地域《ちいき》でも高山の気候《きこう》は寒帯に分類《ぶんるい》されることがある。

もっとくわしく

気候《きこう》に影響《えいきょう》をあたえる

日本近海の海流

海流のうち、周《まわ》りより水温が高く、低緯度《ていいど》地域《ちいき》から高緯度地域に流れている海流が暖流《だんりゅう》、周りより水温が低《ひく》く、高緯度地域から低緯度地域に流れている海流が寒流だ。日本近海の暖流のうち、黒潮《くろしお》（日本海流）は冬、西南日本の太平洋岸の気候を温暖《おんだん》にし、寒流の親潮《おやしお》（千島海流）は夏、東北地方の太平洋岸の気候《きこう》を冷涼《れいりょう》にしている。

日本近海の海流

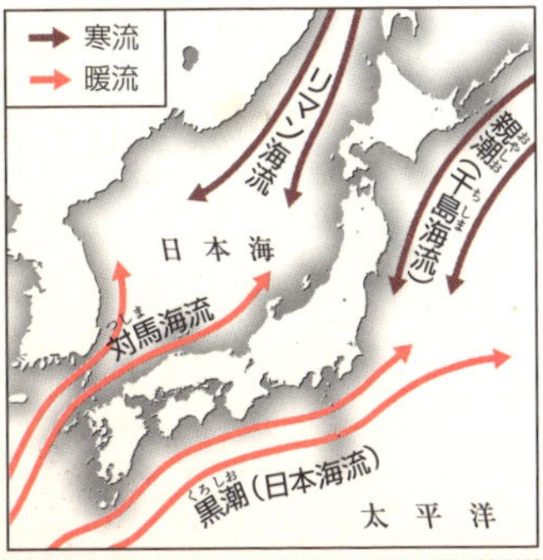
寒流
暖流
リマン海流
親潮《おやしお》（千島《ちしま》海流）
日本海
対馬《つしま》海流
黒潮《くろしお》（日本海流）
太平洋

参考

世界の気候帯《きこうたい》…熱帯《ねったい》，乾燥帯《かんそうたい》，温帯《おんたい》，冷帯《れいたい》（亜寒帯《あかんたい》），寒帯に分けられる。熱帯は赤道周辺《しゅうへん》，冷帯（亜寒帯）は北半球の高緯度地域《いどちいき》，寒帯は北極《ほっきょく》・南極周辺に見られる。

第3節《せつ》：日本の気候《きこう》と自然災害《しぜんさいがい》

2 日本の自然災害

日本は台風や集中豪雨《ごうう》による風害《ふうがい》・水害などのひ害が多い。また，地形との関連《かんれん》で，地震《じしん》や火山のふん火もしばしばおこる。これらの自然災害《さいがい》について見ていこう。

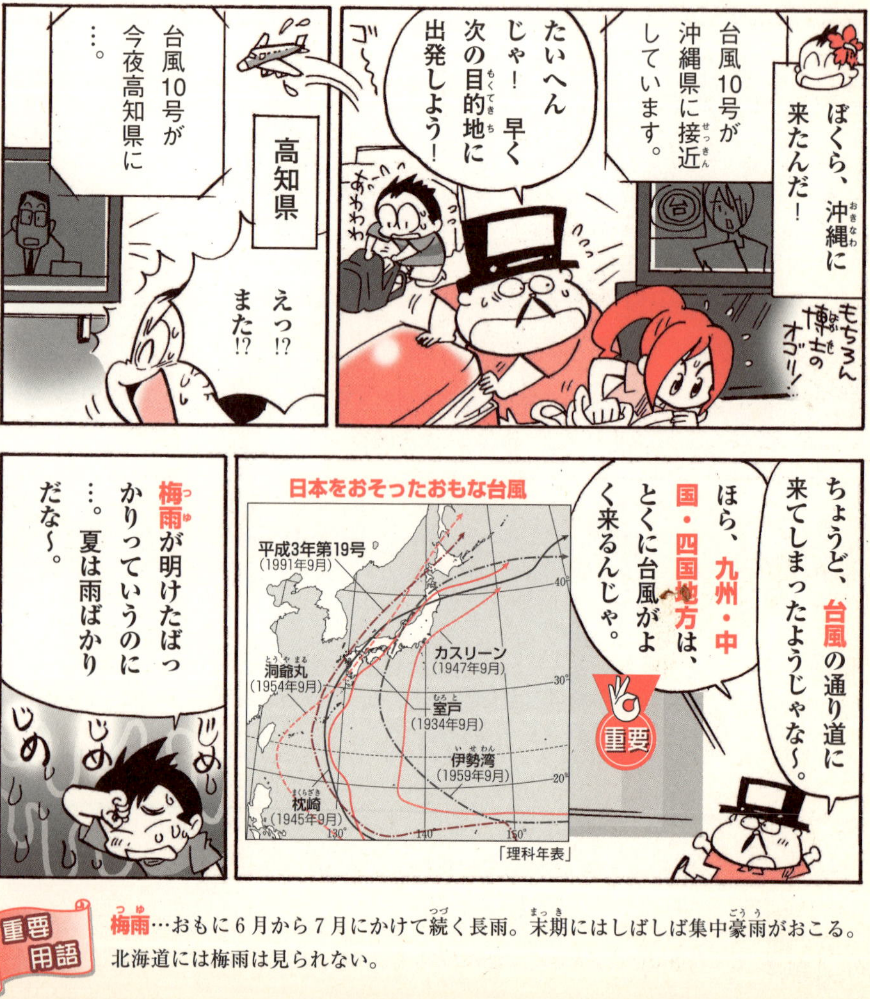
ぼくら、沖縄《おきなわ》に来たんだ！
台風10号が沖縄県に接近《せっきん》しています。
たいへんじゃ！ 早く次の目的地《もくてきち》に出発しよう！
ゴ～
あわわわ
もちろん博士のオゴリ！
台風10号が今夜高知県に…。
高知県
えっ!? また!?
ちょうど、台風の通り道に来てしまったようじゃな～。
ほら、九州・中国・四国地方は、とくに台風がよく来るんじゃ。
重要
日本をおそったおもな台風
平成3年第19号
(1991年9月)
洞爺丸《とうやまる》
(1954年9月)
カスリーン
(1947年9月)
室戸《むろと》
(1934年9月)
伊勢湾《いせわん》
(1959年9月)
枕崎《まくらざき》
(1945年9月)
40°
30°
20°
130°
140°
150°
「理科年表」
梅雨《つゆ》が明けたばっかりっていうのに…。夏は雨ばかりだな～。
じめじめ
じめじめ

マメ知識

台風は、北半球の太平洋上で発生する熱帯低気圧《ねったいていきあつ》で、最大《さいだい》風速が毎秒17・2m以上《いじょう》のものをいう。北半球の大西洋上で発生するのはハリケーン、インド洋上などで発生するのはサイクロンという。

重要用語

梅雨《つゆ》…おもに6月から7月にかけて続《つづ》く長雨。末期《まっき》にはしばしば集中豪雨《ごうう》がおこる。北海道には梅雨は見られない。

マメ知識

北海道の太平洋沿岸《えんがん》では、夏に濃《こ》い霧《きり》（濃霧《のうむ》、海霧）が発生することがある。これも親潮《おやしお》の影響《えいきょう》で、沿岸では日照《にっしょう》不足《ぶそく》で農作物が育たず、冷害《れいがい》にみまわれることがある。

台
ビュー
風害
台風のときはあちこちでいろんなひ害が出るよね。
梅雨の終わりにもこう水やがけくずれなどのひ害が出ることがあるわ。
こう水やがけくずれ
ザー
ドド
梅雨の雨は、農業《のうぎょう》に欠《か》かせない水じゃ。台風も、ひ害が出ることもあるが、日本に水をもたらしてくれるという面もある。
カラ梅雨の年は、農作物がよく育たなくて困《こま》るよ。
↑農家《のうか》の人《ひと》
農作物のひ害っていえば、北海道や東北地方では夏に困ったことがときどきおこるみたいね。
東北地方
夏なのに寒ーい！太陽も出ていないし…。
ブル
ブル
ヒュー
うう…、全然《ぜんぜん》イネが育たん…。
夏の低温《ていおん》や日照《にっしょう》不足《ぶそく》のために、農作物がじゅうぶん育たないひ害を冷害《れいがい》という。
冷害は、初夏《しょか》にやませという冷《つめ》たい北東風がふくとおこりやすいんじゃ。
冷害の多い地域《ちいき》
やませ
親潮（千島海流）
冷害の多いところ
寒流の親潮《おやしお》（千島海流）の影響《えいきょう》なのね。
フーム

参考

やませ…やませは社会に大きな影響《えいきょう》をもたらすこともある。1993年の冷害《れいがい》では青森・岩手各県《かくけん》でひ害《がい》が大きく，全国的にも不作《ふさく》となり，米を緊急《きんきゅう》輸入《ゆにゅう》することとなった。

命からがら家に帰ってみれば…。
ヒィ～
ゴゴゴゴ…
グラグラ
わ！大きい～!!
地震《じしん》!!
防災《ぼうさい》頭きん！非常《ひじょう》持ち出し袋《ぶくろ》～！
落ち着きなさい、2人とも…。
日本って地震が多くない？
火山のふん火もあるわよね。
ブルブル
ガクガク
だからこれちがうぞ…
地震や火山のふん火が建物《たてもの》や田畑にひ害《がい》をもたらすこともあるんじゃ。
近年の火山のふん火と地震
「理科年表」
新潟県中越《ちゅうえつ》地震（2004年）
新潟県中越沖地震（2007年）
能登《のと》半島《はんとう》地震（2007年）
普賢岳《ふげんだけ》（1990年）
福岡県西方沖地震（2005年）
阪神・淡路大震災（兵庫県南部地震）（1995年）
阿蘇《あそ》山（2005年）
御岳《おたけ》（桜島《さくらじま》）（2006年）
有珠《うす》山（2000年）
浅間《あさま》山（2004年）
三宅島（雄山）（2000年）
これを見ると本当に多いなー。
ガクブル
阪神《はんしん》・淡路《あわじ》大震災《だいしんさい》ではたくさんの人が亡《な》くなったのよね。
ドードォ
雄山《おやま》がふん火した三宅島《みやけ》では、島の人全員がひなんしたんじゃ。

マメ知識

日本最高峰《さいこうほう》の富士《ふじ》山も、以前《いぜん》は活動の活発な火山だった。とくに平安時代には何度もふん火をしている。最《もっと》も近い時代に大ふん火をしたのは江戸《えど》時代の1707年のこと。このときは江戸でも強い地震《じしん》が何度もおこり、関東《かんとう》地方一帯《いったい》に多くの火山灰《ばい》が降《ふ》った。

重要用語

造山帯《ぞうざんたい》…地かくが不《ふ》安定で，隆起《りゅうき》などの活動が活発な地帯《ちたい》。太平洋をとり囲《かこ》む環太平《かんたいへい》洋造山帯《ようぞうざんたい》とユーラシア大陸《たいりく》南部のアルプス・ヒマラヤ造山帯がある。

日本で地震が多いのは何でだろう…。
日本をふくむ環太平洋造山帯《かんたいへいようぞうざんたい》
日本
環太平洋造山帯
太平洋
日本は、環太平洋造山帯といって、大地の動きが活発な地帯にあるんじゃ。
ゴゴゴ…
ここでは地かく変動《へんどう》がはげしく、火山活動も活発…。
だから地震もよく起こるんじゃよ。
地震のときは津波《つなみ》が起こることもあるよね！
ザパ―――ン
インド洋で起こった津波のようすはテレビでも見たわ！
地震は予知が難《むずか》しいから、ふだんから準備《じゅんび》しなくちゃね！
だからそれちがうって…
ぐっ

マメ知識

津波《つなみ》は「ツナミ」という国際語《こくさいご》になっていて、外国でもこう呼《よ》ばれている。世界では最近《さいきん》、インド洋津波が大きなひ害《がい》を出したが、日本では、昔から三陸《さんりく》海岸でしばしばひ害が出ている。これは、三陸海岸はリアス(式)海岸で、湾《わん》の奥《おく》がせまくなっていることも関係《かんけい》している。

もっとくわしく

多くのぎせい者が出た大地震《じしん》
阪神《はんしん》・淡路大震災《あわじだいしんさい》

1995年1月17日、兵庫県《ひょうご》淡《あわ》路《じ》島北部を震源《しんげん》として起こったマグニチュード7・3の大地震。兵庫県・大阪府《おおさかふ》を中心に大きなひ害を出し、死者《ししゃ》は6400人あまり。大都市で起こった直下型《がた》地震のため、家が倒《たお》れたことによるぎせい者が多かった。また、高速道路や新幹線《しんかんせん》の線路がはかいされるなど、交通もうも大きなひ害を受けた。

くずれた高速道路

重要用語

津波《つなみ》…地震《じしん》や海底《かいてい》火山のふん火などによって陸地《りくち》におし寄《よ》せる高波。2005年に起こったインド洋津波では数十万人のぎせい者が出た。

第4節《せつ》：日本の人口

1 日本の人口と人口密度《みつど》

日本の人口と人口密度の特色《とくしょく》を世界の国々と比《くら》べながらつかもう。また，大都市の過密《かみつ》や農山村地域《ちいき》の過疎《かそ》などの問題についてもおさえておこう。

人口の多い国
1位 中国
約13億人
2位 インド
約11億人
3位 アメリカ
約3億人
日本
約1.3億人

東京（渋谷《しぶや》）
ふぇ〜、日本は人が多すぎる〜。
ギュウ
いったいどれくらいの人がいるのかしら…。
世界の国々と比べるとこんなカンジじゃ。
ギュウ
1〜3位は、どこも面積《めんせき》の大きな国じゃない！
日本は面積が小さいわりに人口が多い!!なんてこと〜。
ムキー
ソラちゃんおちついて…
そう。日本は人口密度《みつど》がとても高い国なんじゃ。

マメ知識

都道府県《とどうふけん》の中で人口密度《みつど》が低《ひく》いのは、一位が北海道、以下《いか》、岩手県、秋田県の順《じゅん》。北海道の1㎢あたりの人口は約《やく》72人で、最《もっと》も人口密度が高い東京都（5751人）の約80分の1である（2005年）。

重要用語

太平洋ベルト…関東《かんとう》地方南部から九州地方北部にかけて，大都市や工業地帯《ちたい》·工業地域《ちいき》が連《つら》なっている地域。おもに太平洋側《がわ》に帯《おび》（ベルト）のように連なっているので，こう呼《よ》ばれる。

マメ知識

県や市の人口は、昼間人口と常住《じょうじゅう》人口（夜間人口）にも分けられる。昼間人口は、その県や市に通勤《つうきん》や通学している人の数。常住人口は実《じっ》際《さい》に住んでいる人口である。会社や学校の多い東京都・大阪府《おおさかふ》・愛知《あいち》県などは、昼間人口が常住人口を上回っている。

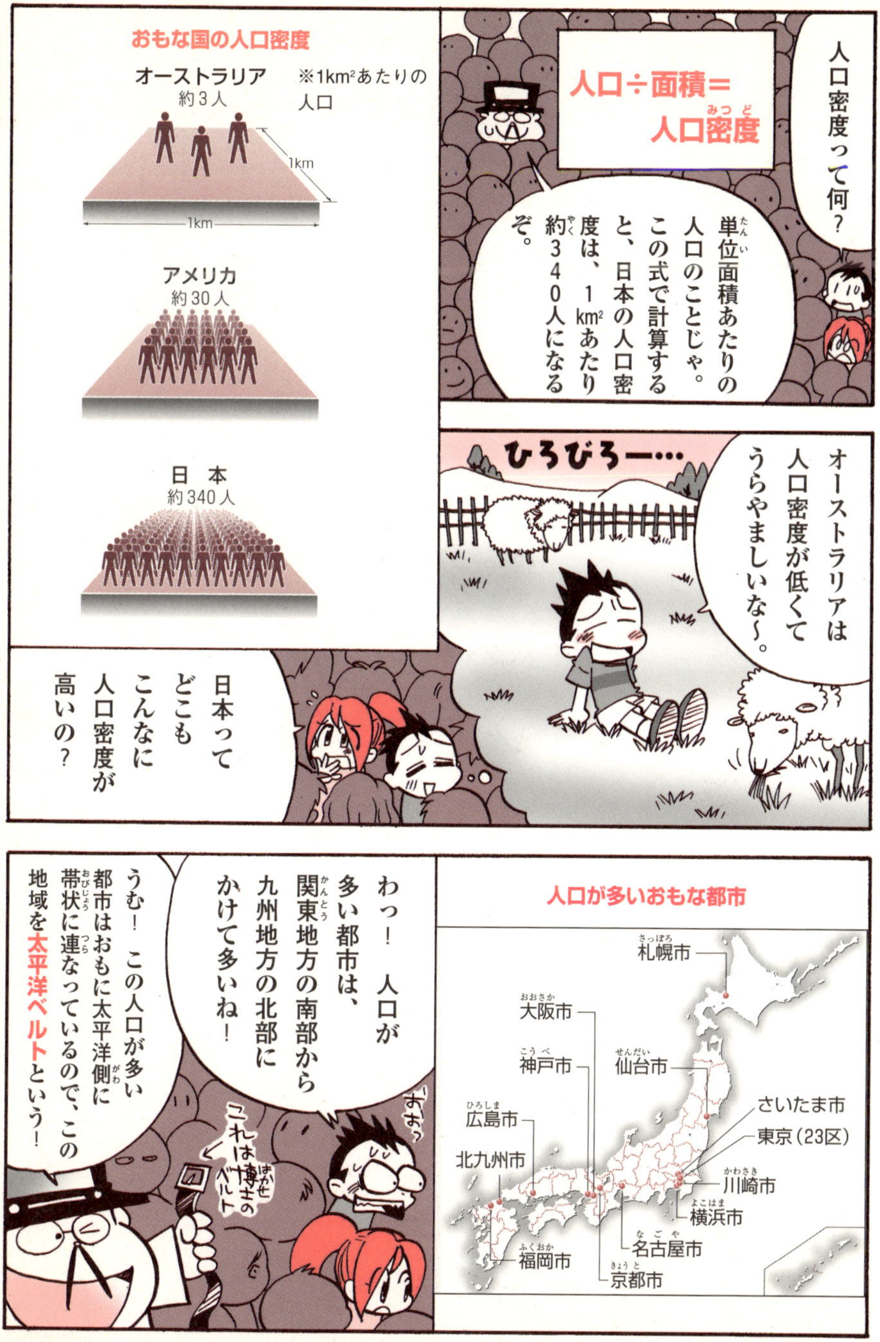
人口密度って何？
人口÷面積＝人口密度《みつど》
単位《たんい》面積あたりの人口のことじゃ。この式で計算すると、日本の人口密度は、1km²あたり約《やく》340人になるぞ。
おもな国の人口密度
オーストラリア 約3人
※1km²あたりの人口
1km
1km
アメリカ 約30人
日本 約340人
オーストラリアは人口密度が低くてうらやましいな～。
ひろびろ～…
日本ってどこもこんなに人口密度が高いの？
人口が多いおもな都市
札幌《さっぽろ》市
大阪《おおさか》市
神戸《こうべ》市
仙台《せんだい》市
広島《ひろしま》市
さいたま市
東京（23区）
北九州市
川崎《かわさき》市
横浜《よこはま》市
名古屋《なごや》市
福岡《ふくおか》市
京都《きょうと》市
わっ！人口が多い都市は、関東《かんとう》地方の南部から九州地方の北部にかけて多いね！
うむ！この人口が多い都市はおもに太平洋側《がわ》に帯状《おびじょう》に連《つら》なっているので、この地域を太平洋ベルトという！
おおっ
これは博士《はかせ》のベルト

参考

都道府県《とどうふけん》の人口…人口の多い都道府県は，多い順《じゅん》に東京都・神奈川《かながわ》県・大阪府《おおさかふ》・愛知《あいち》県・埼玉《さいたま》県・千葉県・北海道・兵庫《ひょうご》県。最《もっと》も少ない県は鳥取県。（2006年）

国内でも人口密度《みつど》は地域《ちいき》によってずいぶんちがうんじゃ。
三大都市圏《けん》の人口の割合《わりあい》
東京50キロ圏
大阪50キロ圏
名古屋50キロ圏
その他
総人口約1.3億人
三大都市圏《けん》の人口は、日本全体の半分近くね！
三大都市圏の面積の割合
東京50キロ圏
大阪50キロ圏
名古屋50キロ圏
総面積37万2900km²
その他
※北方領土《りょうど》を除《のぞ》く。
でも面積《めんせき》の割合《わりあい》はこんなに小さいよ！人口密度の高さがわかるね！
東京・大阪《おおさか》・名古《なご》屋《や》は、周《まわ》りに大きな工業地帯《ちたい》があったな…。
会社や工場が多いし、交通も発《はっ》達《たつ》しているから人が集中するのね！
重要
この、三大都市圏のように人口が集中しすぎている状《じょう》態《たい》を過密《かみつ》というんじゃ！
過密地域では困《こま》ったことがあってのう…。
さまざまな公害《こうがい》
もくもく
もくもく
ブーブー
ゴホゴホ
地価《ちか》が高い
通勤《つうきん》ラッシュ
ぎゅうぎゅう
え〜っ
マンション1億円 いちおくえん
ゴトトン ゴトトン

マメ知識

第《だい》二次世界大戦《たいせん》後増《ふ》え続《つづ》けていた日本の人口は、少子化の影響《えいきょう》で、2005年に初《はじ》めて減少《げんしょう》した。今後も人口は減少し、2046年には現在《げんざい》よりも2000万人以上《いじょう》減《へ》って1億《おく》人を割《わ》ると予想されている。

参考

ドーナツ化現象《げんしょう》…大都市で，中心部の人口が少なく，郊外《こうがい》の人口が増加《ぞうか》する現象。高い地価《ちか》などが原因《げんいん》。最近《さいきん》は中心部の再開発《さいかいはつ》が進み，この現象は弱まってきている。

ぼくのばーちゃんのいなかは、地域の人口が減《へ》りすぎて困ってたけどなぁ。
村の若《わか》い人はみんな都会へ働《はたら》きに行っちゃってね～。
人が少ないから交通が不便《ふべん》だし、病院も遠くて困るわい。
バス
はいし
病院《びょういん》
へいさ
人口が減《へ》りすぎて、社会生活が難《むず》しい状態を過《か》疎《そ》というんじゃ。

過疎地域の分布《ぶんぷ》
過疎地域
過疎地域は山間部に多いのね！
離《り》島《とう》でも過疎が進んでいるよ。
過疎地域でも町おこしや村おこしといって、地域《ちいき》の特色《とくしょく》を生かして町や村を活性化《かっせいか》させようとがんばっているところも多いぞ!!

もっとくわしく

増《ふ》え続《つづ》ける 世界の人口

現在《げんざい》の世界の人口は約《やく》65億《おく》人。このうちアジアの人口が全体の60％あまりをしめている。また、全体の約《やく》80％が経済発展《けいざいはってん》のおくれている発展途上国《とじょうこく》に住んでおり、貧困《ひんこん》や食料不足《しょくりょうぶそく》になやんでいる人も多い。世界の人口は、今後もアジア・アフリカを中心に増え続け、2030年には82億人になると予《よ》想《そう》されている。

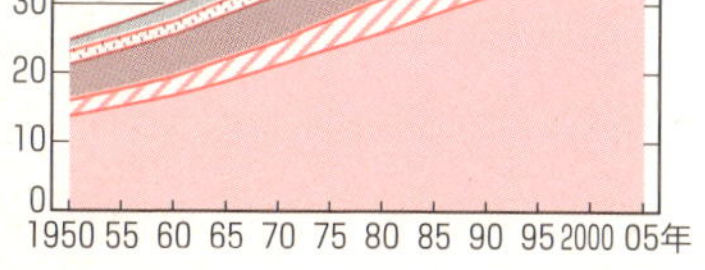
世界の人口の動き
億人
70
60
50
40
30
20
10
0
中南アメリカ・オセアニア
北アメリカ
ヨーロッパ
アフリカ
アジア
世界人口
1950 55 60 65 70 75 80 85 90 95 2000 05年

参考

町（村）おこし…地域《ちいき》の特色《とくしょく》を生かした産業《さんぎょう》をさかんにするなどして，地域を活性《かっせい》化しようとする動き。過疎《かそ》地域の町や村などで行われている。

マメ知識

市のうち、政令《せいれい》指定都市は、人口が50万人以上《いじょう》で、行政《ぎょうせい》などの面で都道府県《とどうふけん》なみの権限《けんげん》をもっている都市をいう。2007年現在《げんざい》、札幌《さっぽろ》・仙台《せんだい》・さいたま・千葉・横浜《よこはま》・川崎《かわさき》・新潟《にいがた》・静岡《しずおか》・浜松《はままつ》・名古屋・京都・大阪《おおさか》・堺《さかい》・神戸・広島・北九州・福岡《ふくおか》の17都市が指定されている。

第4節《せつ》：日本の人口

2 日本の人口構成《こうせい》

近年，日本では，子どもの数が少なくなり，高齢者《こうれいしゃ》が増加《ぞうか》する傾向《けいこう》が続《つづ》いている。このような人口構成の変化《へんか》について見ていこう。また，その問題点も理解《りかい》しよう。

ワー!!
思い出すのう…。
わしが子どものころは、もっと子どもが多かったものじゃ…。
三人《さんにん》きょうだい
四人《よにん》きょうだい
五人《ごにん》きょうだい
最近《さいきん》、日本では出生率《しゅっしょうりつ》が下がり、子どもの人口が減《へ》っている!
少子化じゃ!
ぼくはひとりっ子だけど、じーちゃんとばーちゃんは元気だよ。
それに引きかえお年《とし》寄《よ》りの人口は増《ふ》えている!! 高齢化《こうれい》じゃ!
医療《いりょう》が発達《はったつ》して、平均寿命《へいきんじゅみょう》がのびているからじゃない?
日本《にほん》の平均寿命《へいきんじゅみょう》って世界《せかい》一《いち》なのよね♡

重要用語

出生率《しゅっしょうりつ》…1人の女性《じょせい》が一生の間に産《う》む子どもの平均《へいきん》数。日本では1970年には2.13人だったが，2006年には1.32人に減《へ》っている。正式には「合計特殊《とくしゅ》出生率」という。

マメ知識

日本では、高齢《こうれい》化が世界でも例《れい》を見ないほどの速さで進んだ。65歳以上《さいいじょう》の高齢者が人口にしめる割合《わりあい》は、1980年には9・1%だったが、1990年には12・0%、2005年には20・1%になり、2030年には約《やく》32%になると予想されている。

マメ知識

日本人の平均寿命《へいきんじゅみょう》は、2006年では、男性《だんせい》は約《やく》79・0歳《さい》で、女性は約85・8歳。世界の国々のうち、アメリカは男性75・2歳、女性80・4歳（2004年）、中国は男性69・6歳、女性73・3歳（2000年）。

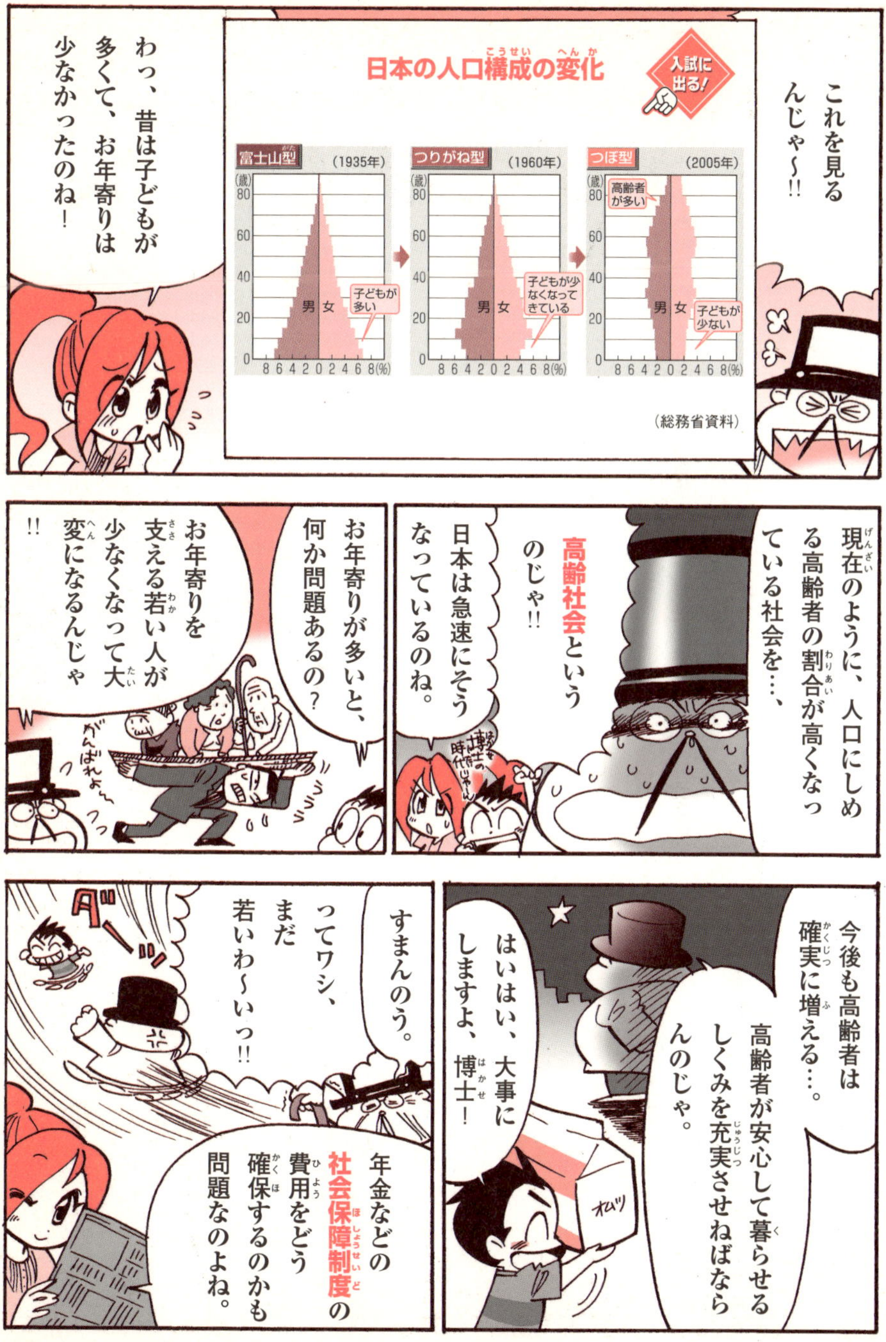
これを見るんじゃ〜!!
日本の人口構成《こうせい》の変化《へんか》
入試に出る!
富士山型《がた》 (1935年)
つりがね型 (1960年)
つぼ型 (2005年)
(歳) 80 60 40 20 0
男 女
子どもが多い
子どもが少なくなってきている
高齢者が多い
子どもが少ない
8 6 4 2 0 2 4 6 8(%)
(総務省資料)
わっ、昔は子どもが多くて、お年寄りは少なかったのね！
現在《げんざい》のように、人口にしめる高齢者の割合《わりあい》が高くなっている社会を…、
高齢社会というのじゃ!!
日本は急速にそうなっているのね。
お年寄りが多いと、何か問題あるの？
お年寄りを支《ささ》える若《わか》い人が少なくなって大《たい》変《へん》になるんじゃ!!
がんばれよ〜
今後も高齢者は確実《かくじつ》に増《ふ》える…。
高齢者が安心して暮《く》らせるしくみを充実《じゅうじつ》させねばならんのじゃ。
はいはい、大事にしますよ、博士《はかせ》！
オムツ
すまんのう。
ってワシ、まだ若いわ〜いっ!!
年金などの社会保障制度《ほしょうせいど》の費用《ひよう》をどう確保《かくほ》するのかも問題なのよね。

重要用語

社会保障制度《ほしょうせいど》…国民の最低限度《さいていげんど》の生活を保障《ほしょう》するためのしくみ。健康保険《けんこうほけん》や年金保険《ほけん》などの社会保険，生活に困《こま》っている人を助ける生活保護《ほご》などがある。

要点整理と重要事項のまとめ②

3.日本の気候《きこう》と自然災害《しぜんさいがい》

①日本の気候

●**季節《きせつ》風（モンスーン）**…夏と冬で反対の方向からふく風。

●**日本の季節風**…夏は太平洋からふく**南東の風**，冬は大陸《たいりく》からふく**北西の風**。

●**太平洋側《がわ》の気候**…夏の降水量《こうすいりょう》が多い。

●**日本海側の気候**…冬は雪のため降水量が多い。

●**中央高地の気候**…降水量が少なく，**冬の寒さがきびしい**。

●**瀬戸内《せとうち》の気候**…降水量が少なく，**冬も比《ひ》かく的暖《てきあたた》かい**。

●**北海道の気候**…**冷帯《れいたい》**（亜《あ》寒帯）。

●**南西諸島《しょとう》の気候**…**亜熱帯《あねったい》**。

②日本の自然災害

●**梅雨《つゆ》**…おもに6～7月の長雨。北海道では見られない。こう水，がけくずれなどのひ害《がい》。

●**台風**…**夏～秋**，とくに**九州・中国・四国地方**にひ害が多い。

●**冷害**…寒流の**親潮《おやしお》（千島海流）**の上をふいてくる**やませ**の影響《えいきょう》で農作物にひ害。**北海道**や**東北地方の太平洋側**で多い。

●**多い地震《じしん》と火山の噴火《ふんか》**…日本は**環《かん》太平洋造山帯《ぞうざんたい》**の一部で大地の動きが活発。

●**阪神《はんしん》・淡路《あわじ》大震災《しんさい》（兵庫《ひょうご》県南部地震）**…1995年。淡路島北部が震源《しんげん》。

4.日本の人口

①日本の人口と人口密度《みつど》

●**日本の人口**…**約《やく》1.3億《おく》人**。

●**人口の多い都市**…**東京（23区）**，**横浜《よこはま》**，**大阪《おおさか》**，**名古屋《なごや》**，**札幌《さっぽろ》**など。

●**人口の集中する地域《ちいき》**…関東《かんとう》地方南部～九州地方北部の**太平洋ベルト**。

●**三大都市圏《けん》**…**東京**，**大阪**，**名古屋**。過《か》密《みつ》が問題。

●**過密**…**人口が集中しすぎること**。大都市は地価《ちか》が高く，公害《こうがい》なども問題。

●**過疎《かそ》**…人口が減り，**社会生活が難《むずか》しくなること**。

②日本の人口構成《こうせい》

●**少子化**…**出生率《しゅっしょうりつ》**が下がり，子どもの人口が減少《げんしょう》。

●**高齢《こうれい》社会**…**平均寿命《へいきんじゅみょう》**がのび，高齢者の割合《わりあい》が増加《ぞうか》。

●**人口ピラミッド**…富士《ふじ》山型《がた》→つりがね型→つぼ型へと変化《へんか》。

重要事項の一問一答②

③ 日本の気候《きこう》と自然災害《しぜんさいがい》

（▼答え記入らん）

①日本で，季節風が太平洋からふくのは夏と冬のどちらの季節ですか。……

②冬の降水量《こうすいりょう》が多いのは太平洋側《がわ》の気候と日本海側の気候のどちらの気候ですか。……

③中央高地の気候と瀬戸内の気候に共通《きょうつう》する降水量の特色《とくしょく》を書きなさい。……

④世界の気候区分では，北海道は何という気候帯《たい》にふくまれますか。……

⑤おもに6月から7月にかけて続《つづ》く長雨を何といいますか。……

⑥地震が多く火山活動が活発な日本は，何という造山帯に属《ぞく》していますか。……

⑦1995年に淡路《あわじ》島北部を震源《しんげん》として起こった大地震を何といいますか。……

④ 日本の人口

（▼答え記入らん）

①関東地方南部から九州地方北部にかけて大都市が集中しています。この地域を何といいますか。……

②三大都市圏は，東京と大阪のほか，あと一つはどこですか。……

③農村や山村などで，人口が大きく減り，社会生活が難しくなることを何といいますか。……

④近年，出生率が下がり，子どもの人口が減っています。このことを何といいますか。……

⑤人口にしめる高齢者の割合が高い社会を何といいますか。……

⑥日本の現在《げんざい》の人口ピラミッドは，つぼ型と富士山型のどちらですか。……

答え ③ ①夏 ②日本海側の気候 ③降水量が少ない ④冷帯（亜寒帯） ⑤梅雨 ⑥環太平洋造山帯 ⑦阪神・淡路大震災（兵庫県南部地震） ④ ①太平洋ベルト ②名古屋 ③過疎（化） ④少子化 ⑤高齢（化）社会 ⑥つぼ型

日本の農業や水産業《すいさんぎょう》について学習していこう。近年の変化《へんか》と問題点も理解《りかい》しよう。

第1節《せつ》：米づくりがさかんな地域《ちいき》

1 米づくりがさかんな地域

日本の農業の中心となっている米づくりについて学習しよう。まず，日本で米づくりがさかんな理由や，とくに米の生産量《せいさんりょう》が多い都道府県《とどうふけん》などを見ていこう。

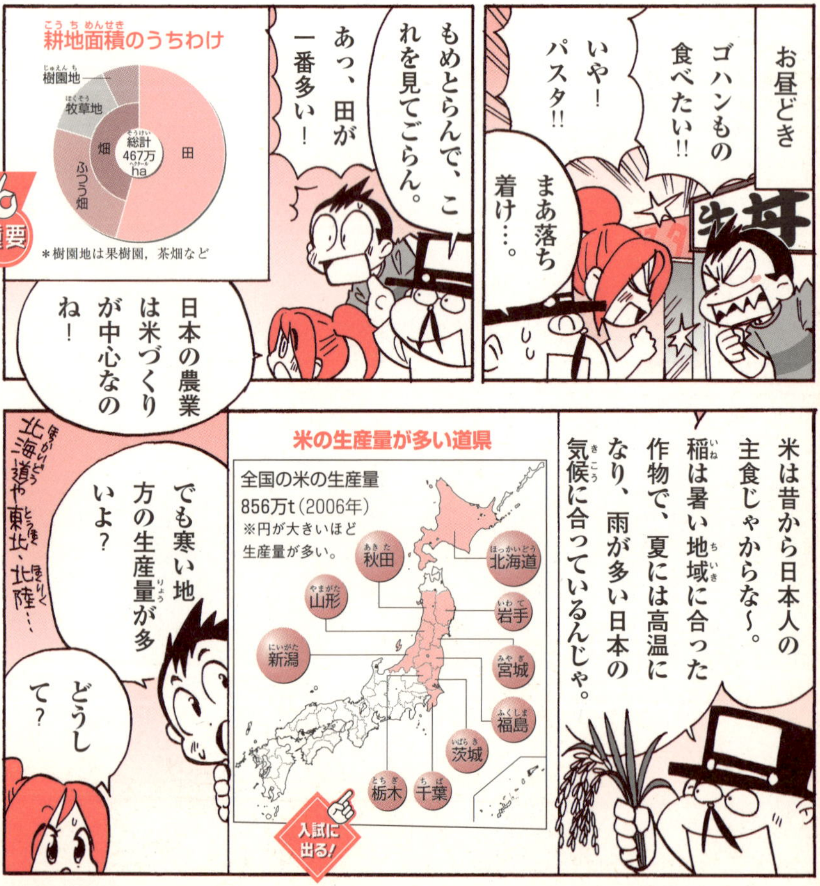

お昼どき
ゴハンもの食べたい!!
いや！パスタ!!
まあ落ち着け…。
もめとらんで、これを見てごらん。
あっ、田が一番多い！
耕地面積《こうちめんせき》のうちわけ
樹園地《じゅえんち》
牧草地《ぼくそうち》
畑
ふつう畑
田
総計《そうけい》467万ha
＊樹園地は果樹園，茶畑など
重要
日本の農業は米づくりが中心なのね！
米は昔から日本人の主食じゃからな〜。
稲《いね》は暑い地域《ちいき》に合った作物で、夏には高温になり、雨が多い日本の気候《きこう》に合っているんじゃ。
米の生産量が多い道県
全国の米の生産量
856万t（2006年）
※円が大きいほど生産量が多い。
秋田《あきた》
北海道《ほっかいどう》
山形《やまがた》
岩手《いわて》
新潟《にいがた》
宮城《みやぎ》
福島《ふくしま》
茨城《いばらき》
栃木《とちぎ》
千葉《ちば》
入試に出る！
でも寒い地方の生産量《りょう》が多いよ？
ほかにも北海道《ほっかいどう》や東北《とうほく》、北陸《ほくりく》……
どうして？

重要用語

土地改良《かいりょう》…生産《せいさん》力を高めるため，農地を改良すること。水はけの悪い湿田《しつでん》を乾田《かんでん》に変《か》えたり，ほかからよい土を運んで加《くわ》えたり（客土《きゃくど》）する方法《ほうほう》がある。

それはな、寒さに強い稲の品種《ひんしゅ》を作る努力《どりょく》をしてきたからじゃ!!
それにこれらの地方は米づくりにてきした土地なんじゃ。
広い平野に水田が広がっている…。
米づくりにはたくさんの水が必要《ひつよう》だし、川から栄養《えいよう》分の豊《ゆた》かな水が運ばれてくるからじゃない？
そのとおーり！
全国各地《かくち》で土地改良《かいりょう》をしたり、干拓《かんたく》で耕《こう》地《ち》を作ったりして、米づくりを進めてきたんじゃ。
けっきょくファミレス。
だから生産量《せいさんりょう》が増《ふ》えたんだね。
日本人が米づくりにかけてきた情熱《じょうねつ》のすごさ…。燃《も》える〜!!
ダイチくんもお米を作ってみたら？
そーじゃの〜。好きなだけ腹《はら》いっぱい食えるぞ。
農家にホームステイして教わってきたら？
うおおおお
いけいけゴーゴー
次の日
ホントに行っちゃった…。
ノリのいいやつじゃ…。
博士《はかせ》とソラちゃんへ しばらく修業《しゅぎょう》にでます ダイチ
庄内《しょうない》平野の水田地帯《ちたい》（酒田市）

マメ知識

米などの作物を同じ耕地《こうち》で1年に2回つくることを二期作という。稲《いね》の二期作は熱帯《ねったい》の東南アジアなどで行われている。日本でも、高知平野などの地域《ちいき》で行われていたが、人手がかかるとともに、米があまるようになってきたことなどから、今はほとんど行われていない。

重要用語

干拓《かんたく》…海や湖の一部を堤防《ていぼう》でしめきり，排水《はいすい》して陸地《りくち》をつくること。おもに耕地《こうち》に利《り》用《よう》される。海などの一部を土砂《どしゃ》でうめて陸地をつくることは，うめ立てという。

第1節《せつ》：米づくりがさかんな地域《ちいき》

2 米づくりの仕事

苗《なえ》づくり—田おこし—田植《たう》え—稲《いね》かりと続《つづ》く米づくりの仕事について見ていこう。それぞれの仕事の内容《ないよう》やどんな機械《きかい》が使われているかについても理解《りかい》しよう。

ダイチは米づくりの手伝《てつだ》いちゃんとできてるかのぉ〜?
新潟《にいがた》のばーちゃんちでがんばってます
今、苗を育てているよ!これをたんぼに植えるんだ。
田植えはまだラテ!
ビーン
その前にやってもらうことがいっぱいあるテ!
うそ〜ん
4〜5月 田おこし、しろかき
トラクター
土をたがやしたり、水を入れて土を平らにしたりするんラテ。
5月 田植え
田植え機《たうえき》
苗は機械《きかい》で一度にたくさん植えるテ。

マメ知識

同じ耕地《こうち》で、1年の間に2種類《しゅるい》の異《こと》なる作物をつくることを二毛作という。稲のように中心となる作物を表作、稲をつくったあとにつくる麦などを裏作《うらさく》という。おもに暖《あたた》かい地域《ちいき》で行われている。

重要用語

田おこし・しろかき…稲《いね》がよく育っていくように土をたがやすのが田おこし，水を入れてから土の表面を平らにし，田植《たう》えをしやすいようにするのがしろかき。

6〜8月　消毒《しょうどく》、肥料《ひりょう》をまく
病気や害虫《がいちゅう》を防《ふせ》ぐために薬をまくテ。
田の水の調節《ちょうせつ》も大事な仕事ラテ。
キュッ
キュッ

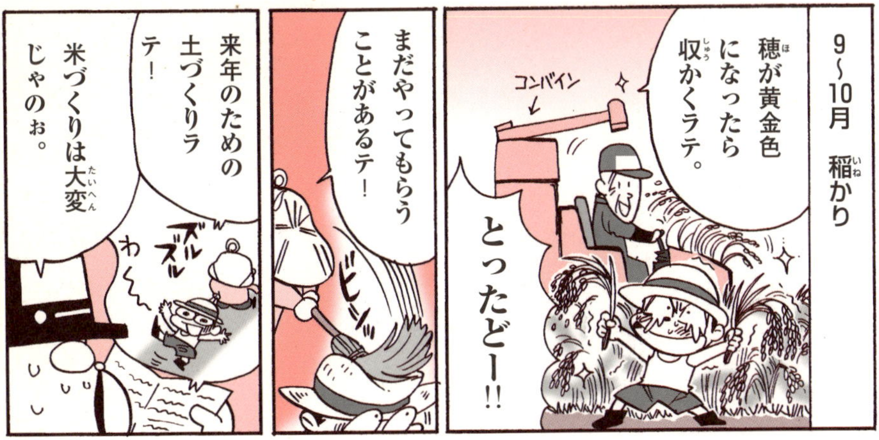
9〜10月　稲《いね》かり
穂《ほ》が黄金色になったら収《しゅう》かくラテ。
コンバイン
とったどー!!
まだやってもらうことがあるテ！
来年のための土づくりラテ！
米づくりは大変《たいへん》じゃのぉ。
ズル
ズル
わ〜

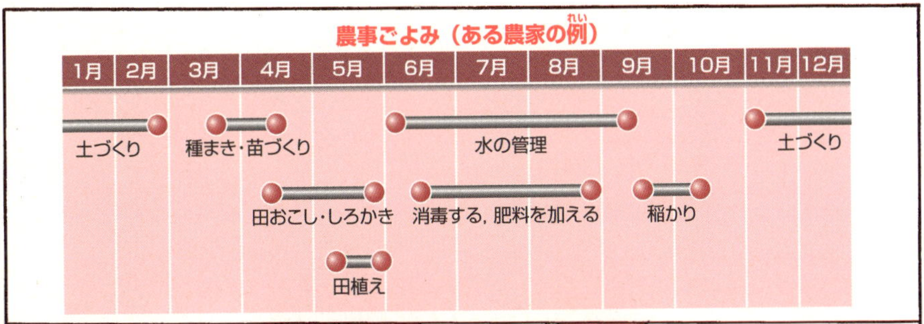
農事ごよみ（ある農家の例《れい》）
1月
2月
3月
4月
5月
6月
7月
8月
9月
10月
11月
12月
土づくり
種まき・苗づくり
水の管理
土づくり
田おこし・しろかき
消毒する，肥料を加える
稲かり
田植え

やらなければならんことがこんなにあるんじゃ。
これからはお米を残《のこ》さず食べます!!

マメ知識

稲《いね》かりをして収《しゅう》かくした状態《じょうたい》の米はもみといい、これからもみがらをとったものを玄米《げんまい》という。この状態でも食べられるが、ふつうは、精米《せいまい》して、ぬかや胚芽《はいが》をとり、白米にして食べる。

参考　**中ぼし**…夏に，田の水をぬいて土をかわかすこと。稲《いね》の根の育ちを悪くするガスがぬけ，酸素《さんそ》が土の中に入って根がよくのび，じょうぶになる。

第1節《せつ》：米づくりがさかんな地域《ちいき》

3 生産《せいさん》を高めるくふう

農作業の機械化《きかい》や稲《いね》の品種改良《ひんしゅかいりょう》など，米の生産を高めるくふうについて見ていこう。また，たい肥《ひ》を使った農業や，環境《かんきょう》にやさしい米づくりについてもおさえよう。

ごはん

ダイチ君のようすを見に行ってきました。
トラクター
田植え機《たうき》
コンバイン
米づくりはこれに乗れるのが楽しいんだよね～。
昔はみんな手作業でやってたから大変《たいへん》ラったテ。
そうラったなー。
今の田植えは、人の手でやっているときに比《くら》べて、5分の1くらいの時間ですむテ。
でも機械《きかい》を買う費用《ひよう》や燃料《ねんりょう》費がかかるでしょう?
機械は1台数百万円もするんだって…。
コショッ…
高ーい!!!
それがなやみラテ。でも機械を共同《きょうどう》で使うこともあるテ。機械化の能率《のうりつ》が上がり、生産量《せいさんりょう》が増《ふ》えたテ。
グーン
昔《あかし》
今《いま》

マメ知識

排水《はいすい》が悪く、いつもじめじめしている田を湿田《しつでん》という。湿田は農作業がしづらく、機械《きかい》を利用《りよう》することが難《むずか》しい。また、排水をしてかんそうさせると畑作もできる田は乾田《かんでん》という。

重要用語

コンバイン…稲《いね》かりとだっこくを同時に行うことができる機械《きかい》。機械の前のつめで稲をかりとり，後ろのドラムでもみとわらを分ける。

マメ知識

新しい米づくりとして、直《じか》まき栽培《さいばい》が注目されている。これは、苗《なえ》づくりや田植えをせずに、種もみを田に直接《ちょくせつ》まいて栽培すること。こうすることで作業時間を減《へ》らすことができる。

田の形が整っているから機械を使いやすいんですね。
この辺《へん》の田は昔はこんな形ラった。
一区画の面積を広く、長方形などの形にすることを耕地《こうち》整理というのじゃ。

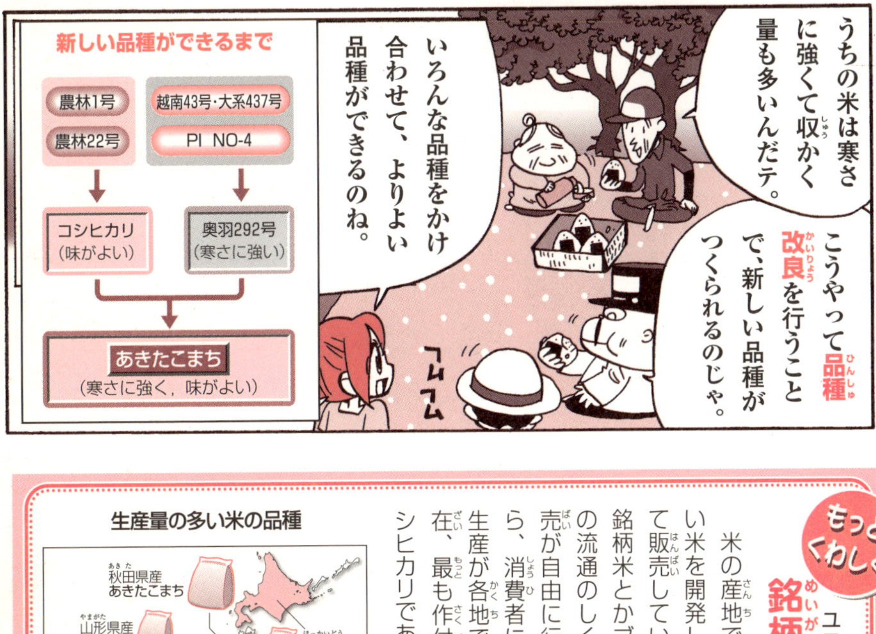
うちの米は寒さに強くて収《しゅう》かく量も多いんだテ。
こうやって品種《ひんしゅ》改良《かいりょう》を行うことで、新しい品種がつくられるのじゃ。
いろんな品種をかけ合わせて、よりよい品種ができるのね。
フムフム
新しい品種ができるまで
農林1号
農林22号
越南43号・大系437号
PI NO-4
コシヒカリ（味がよい）
奥羽292号（寒さに強い）
あきたこまち（寒さに強く，味がよい）

もっとくわしく

ユニークな名前もある 銘柄米《めいがら》（ブランド米）

米の産地《さんち》では、それぞれ味のよい米を開発し、独自《どくじ》の名前をつけて販売《はんばい》している。このような米を銘柄米とかブランド米という。米の流通のしくみが変わり、米の販《はん》売《ばい》が自由に行えるようになってから、消費《しょうひ》者に喜《よろこ》ばれる独自の米の生産が各地《かくち》でさかんになった。現在《げんざい》、最《もっと》も作付《さくつ》け面積《めんせき》が広いのはコシヒカリである。

生産量の多い米の品種

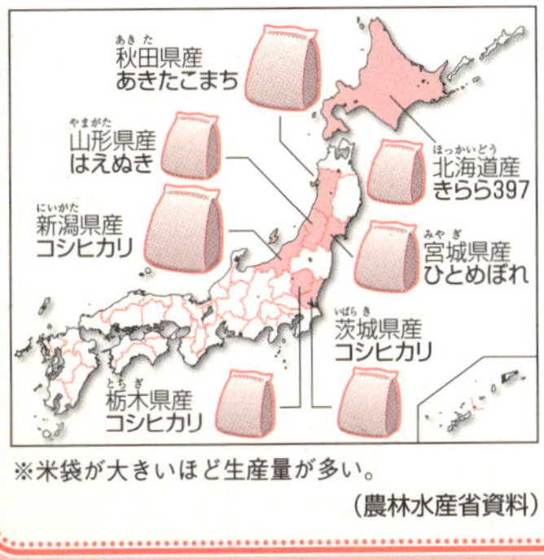
秋田《あきた》県産 あきたこまち
山形《やまがた》県産 はえぬき
新潟《にいがた》県産 コシヒカリ
栃木《とちぎ》県産 コシヒカリ
北海道《ほっかいどう》産 きらら397
宮城《みやぎ》県産 ひとめぼれ
茨城《いばらき》県産 コシヒカリ

※米袋が大きいほど生産量が多い。

（農林水産省資料）

重要用語

品種改良《ひんしゅかいりょう》…性質《せいしつ》の異《こと》なる品種をかけあわせて，さらにすぐれた性質《せいしつ》をもつ品種をつくり出すこと。稲《いね》などの農作物や家畜《かちく》などで行われている。

夏のたんぼは気持ちいいなー。
空気がおいしい～。
カナカナカナ‥‥
緑の稲《いね》は酸素《さんそ》をつくり出して空気をきれいにするからの～。

いろんな生き物もいて楽しいよ。
トンボ
カエル
タガメ
アメンボ

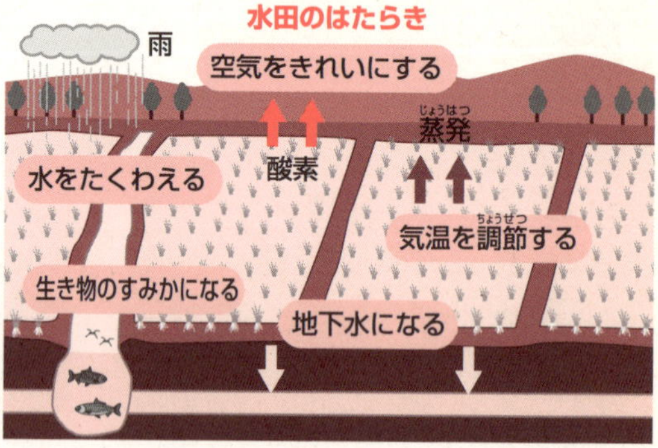
水田のはたらき
雨
空気をきれいにする
酸素
蒸発《じょうはつ》
水をたくわえる
気温を調節《ちょうせつ》する
生き物のすみかになる
地下水になる

わっ！カモがまぎれこんでる!!
ワシが放したテ。
アイガモは害虫《がいちゅう》や雑草《ざっそう》を食べてくれるからのう。

水田に放されているアイガモ

（井関義次）

マメ知識

水鳥のカモには、アイガモやカルガモ、マガモなどの種類《しゅるい》がある。このうち、アイガモは、アヒルとマガモをかけ合わせた鳥。カルガモは、わたり鳥ではなく、一年じゅう日本にいるカモである。

重要用語

たい肥《ひ》…わらや落ち葉などを積《つ》もらせて自然《しぜん》にくさらせた肥料《ひりょう》。わらやもみがらにぶたや牛のふんにょうなどを混《ま》ぜてつくる。養分《ようぶん》が豊富《ほうふ》で，土をやわらかくする。

マメ知識

山の斜面《しゃめん》などに、階段《かいだん》のようにつくった田を棚田《たなだ》という。山がちな日本では各地《かくち》に見られる。世界では、フィリピンのルソン島のコルディリエーラの棚田群《ぐん》はとくに大規模《だいきぼ》で美しく、「天国へのぼる階段《かいだん》」と呼《よ》ばれ、世界遺産《いさん》にも登録《とうろく》されている。

害虫や雑草は薬をまけば防《ふせ》げるんじゃないの？
農薬《のうやく》や化学肥料《ひりょう》は、ききめはあるけど…。
農薬
使いすぎると人の健康《けんこう》に害が出たり、土の力が弱くなったりしてしまうんじゃ。
ヘト
ヘト
アイガモのふんは肥料《ひりょう》にもなる。これをアイガモ農法《のうほう》というんだテ。
重要
かわいー
フワリ
これは何〜？
たい肥って、土に混《ま》ぜて使う大切な肥料だよ。
たい肥のできるまで
家畜《かちく》のふん
にょう
もみがら
わら
たい肥
近ごろは化学肥料を使わず、自然《しぜん》の力を生かしたたい肥を使うテ。
安全で環境《かんきょう》にやさしくおいしいお米をつくろうとしてるのね！
それがわしの自まんじゃテ。
げんのうやくまい
減農薬米
せいさんしゃ
生産者
よねだたろう
米田太郎
インターネットでも売ってるんだテ。
パタタタタタタタ
ばーちゃんすげー!!
おいしいお米が手に入りやすくなったんじゃ。

参考

産地《さんち》直送…農産物や水産物などの生産地から，消費《しょうひ》者に直接《ちょくせつ》売ること。通常《つうじょう》は，生産者→卸売《おろしうり》業者→小売業者→消費者という順序《じゅんじょ》で販売《はんばい》される。

第1節《せつ》：米づくりがさかんな地域《ちいき》

4 米づくりをめぐる動き

米の生産量《せいさんりょう》が消費量《しょうひ》を上回り，あまるようになって，どのような政策《せいさく》が行われたかを理解《りかい》しよう。また，米の輸入《ゆにゅう》や流通のしくみの変化《へんか》などについてもおさえておこう。

減農薬米《げんのうやくまい》
生産者《せいさんしゃ》
米田太郎《よねだたろう》

米の生産量《せいさんりょう》・消費量《しょうひ》の変化《へんか》

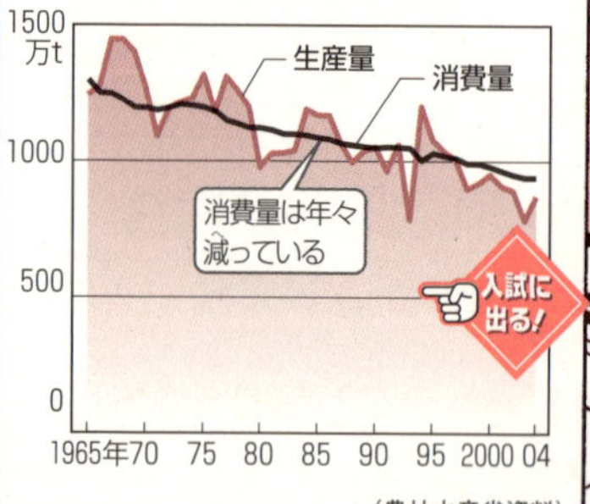

1500万t
1000
500
0
生産量
消費量
消費量は年々減っている
入試に出る!
1965年70 75 80 85 90 95 2000 04

（農林水産省資料）

もっとお食べ。
ホカ
ホカ

米うめー!!
ダイチはご飯《はん》をたくさん食べてくれてうれしいテ。
ぱく ぱく
そのと～り!
近ごろはみんな米をあまり食べないからな。

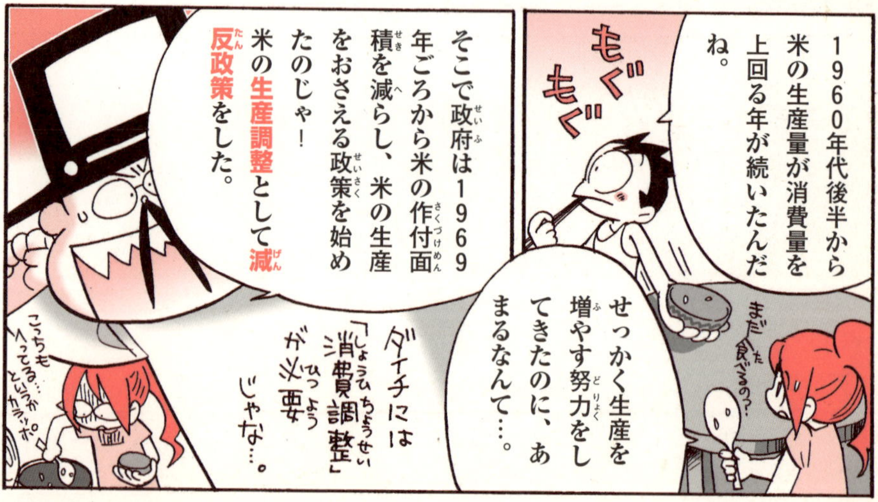

1960年代後半から米の生産量が消費量を上回る年が続いたんだね。
もぐ もぐ
せっかく生産を増《ふ》やす努力《どりょく》をしてきたのに、あまるなんて…。
まだ食《た》べるの…?
そこで政府《せいふ》は1969年ごろから米の作付面積《さくづけめんせき》を減《へ》らし、米の生産をおさえる政策《せいさく》を始めたのじゃ！米の**生産調整**として**減《げん》反《たん》政策**をした。
ダイチには「消費調整《しょうひちょうせい》」が必要《ひつよう》じゃな…。
こっちも入ってる…というかカラッポ。

マメ知識

世界で栽培《さいばい》されている米のうち、日本や朝鮮《ちょうせん》半島などで栽培されている米はジャポニカという種類《しゅるい》。丸っこく、ねばりけが多い。タイなどの東南アジアの国々で多いのは、細長い米で、インディカという種類。ねばりけが少ないのでピラフなどの料理《りょうり》に向いている。

重要用語

減反政策《げんたんせいさく》…転作などによって米の作付面積《さくづけめんせき》を減《へ》らす政策。米があまるようになり，その生産《せいさん》調整のために行われるようになった。

ここの畑も以前《いぜん》はお米を作っていたテ。
転作といって、米以外の作物をつくることをすすめられたんだテ。
まだ食うのか…
ウマシ〜なスイカ!!
このごろは外国の要求《ようきゅう》もあって、安い外国米も輸入《ゆにゅう》するようになりましたからねェ…。
そうじゃ！　ワシも負けずにウマい米をつくるぞ！
新食糧法《しょくりょうほう》という法律《ほうりつ》ができて、以前《いぜん》より自由にお米を販売《はんばい》できるようになったから、おいしいお米ならたくさん売れると思いますよ！
見てろ外国米〜〜!!
ウオォォォ〜〜
ばーちゃんもがんばって売るよ!!
お米よりびっくり人間として売れそう。

マメ知識

わたしたちがふだん食べている米は、うるち米という。ほかに、もちや赤飯《せきはん》にする米であるもち米も多くつくられている。また、昔、栽培《さいばい》されていた米に、赤米、黒米、緑米などという米もあった。

もっとくわしく

世界の米づくり

米の生産《せいさん》が多い国

米の生産量《りょう》が最《もっと》も多い国は中国である。米は暑い地域《ちいき》に合った作物で、中国のほかには南アジアや東南アジアの国々の生産量が多くなっている。また輸出量《ゆしゅつりょう》はタイが世界一である。アメリカでも、輸出向けに大きぼな米づくりが行われていて、輸出量は世界有数《ゆうすう》である。日本の輸入米ではアメリカの米が最も多い。

国別の米の生産量と輸出量の割合《わりあい》

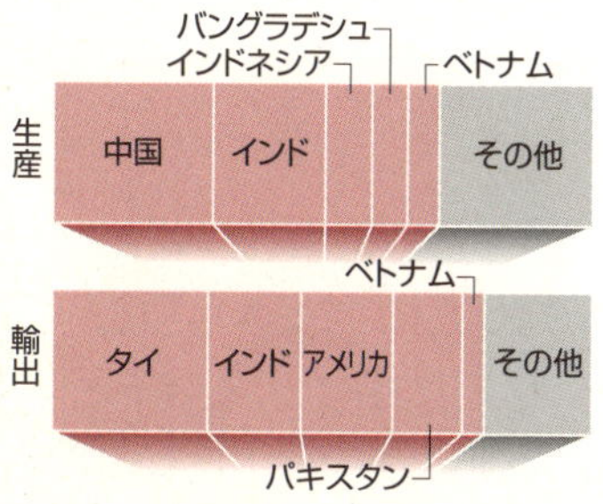
バングラデシュ
インドネシア
ベトナム
生産
中国
インド
その他
ベトナム
輸出
タイ
インド
アメリカ
その他
パキスタン

重要用語

新食糧法《しょくりょうほう》…1994年制定《せいてい》，翌年施行《よくねんしこう》された。政府《せいふ》が米を買い上げ，決められた値段《ねだん》で販《はん》売《ばい》するしくみを改《あらた》め，米の生産《せいさん》や販売がより自由に行えるようになった。

第2節《せつ》：野菜《やさい》とくだものづくり

1 野菜づくりがさかんな地域《ちいき》

地域の特色《とくしょく》を生かした野菜づくりの様子を見ていこう。とくに，関東《かんとう》平野などでの近郊《きんこう》農業，高知平野などでの促成栽培《そくせいさいばい》，中央高地などでの高原野菜《やさい》の栽培は重要《じゅうよう》。

ぱりぱり

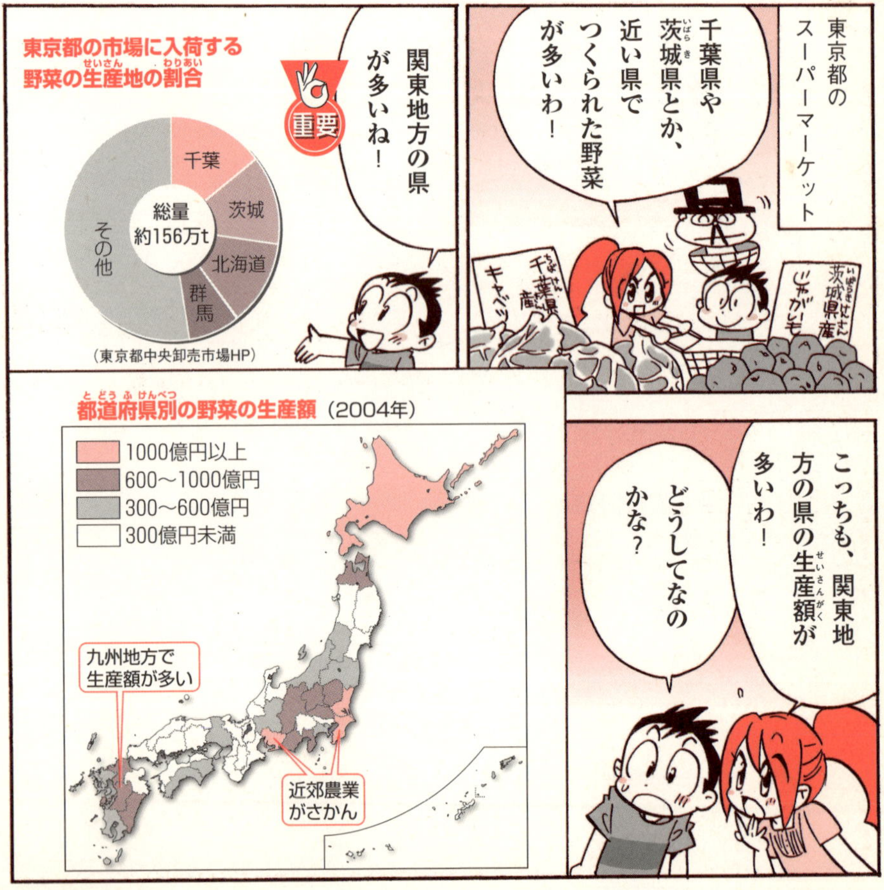
東京都のスーパーマーケット
千葉県や茨城《いばらき》県とか、近い県でつくられた野菜が多いわ！
千葉《ちば》県産キャベツ
茨城県産《いばらきけんさん》じゃがいも
関東地方の県が多いね！
重要
東京都の市場に入荷する野菜の生産《せいさん》地の割合《わりあい》
千葉
茨城
北海道
群馬
その他
総量 約156万t
（東京都中央卸売市場HP）
こっちも、関東地方の県の生産額《せいさんがく》が多いわ！
どうしてなのかな？
都道府県別《とどうふけんべつ》の野菜の生産額（2004年）
1000億円以上
600〜1000億円
300〜600億円
300億円未満
九州地方で生産額が多い
近郊農業がさかん

マメ知識

野菜《やさい》づくりでは、同じ耕地《こうち》でちがう野菜を組み合わせてつくるくふうがされている。同じ耕地で同じ作物をくり返しつくる（連作《れんさく》）と、土地の特定《とくてい》の養分《ようぶん》が失《うしな》われてしまったり、前につくった野菜についていた病害虫《びょうがいちゅう》が土に残っていたりすることがあるからである。

参考

兼業《けんぎょう》農家と専業《せんぎょう》農家…農業以外《いがい》の仕事もする農家が兼業農家，農業だけを行う農家が専業農家。近年は主業農家，準《じゅん》主業農家，副《ふく》業的《てき》農家という分類《ぶんるい》も使われている。

関東地方は東京都をはじめ、野菜の消費量《しょうひりょう》の多い大都市がたくさんあるからね！
おうっ!!
びっくりした
関東地方の農家代表
ほー。大都市が近くにあって有利《ゆうり》なことって何でしょうな？
はーい！ 野菜がたくさん売れる大都市に新せんなうちに安く運ぶことができる!!
そーー!!
だから、大都市向けの野菜を作ってるよ！
いろんな野菜を作ってるんだね。
畑を有効利用《ゆうこうりよう》すれば、収入《しゅうにゅう》を安定させることができるからね。
新しい家が多いわね。
マンション
最近《さいきん》は住宅《じゅうたく》が増《ふ》えて、畑が少なくなってねぇ…。
農業をやめる人も多くてさびしいよ。
大都市の近くで、大都市向けに野菜などを作る農業を近郊農業というんじゃよ。
大阪
東京
名古屋
大阪《おおさか》・名古屋《なごや》などの大都市の近くでも、近郊農業がさかんなんじゃ！
大都市から遠い地域《ちいき》では、どんな野菜づくりがさかんなのかしら？
では、四国の高知県に行ってみようか？

マメ知識 花も重要《じゅうよう》な農作物の一つ。富山《とやま》県や新潟《にいがた》県のチューリップ、愛知《あいち》県のきくなどは特産物《とくさんぶつ》として古くから有名《ゆうめい》。花全体の生産額《せいさんがく》が日本一の県は愛知県である。

重要用語 **近郊農業《きんこうのうぎょう》**…大都市の周辺《しゅうへん》で，大消費地である大都市に出荷するために，野菜や花などを生産《せいさん》する農業。新鮮《しんせん》な農作物を早く，安い輸送費《ゆそうひ》で運ぶことができ，有利《ゆうり》である。

冬・高知県
高知平野
ビニールハウスの中はあったかーい。
まだ外は寒いけどね。
ピーマンやなすは…もともと夏にとれる野菜《やさい》だけど、わたしたちはこうしたビニールハウスや温室の中で冬につくっているんだよ。
ビニールハウスの中を暖《あたた》かくして作物が早く育つようにしてるんだね！
そうすることで、ほかの産地《さんち》では生《せい》産《さん》が少ない冬に出《しゅっ》荷《か》できるんじゃ。
東京都の市場でのピーマンの入荷量《りょう》と値段《ねだん》(2006年)
(千kg)
4000
3500
3000
2500
2000
1500
1000
500
0
(円)
800
700
600
500
400
300
200
100
0
値段
入荷量
1 2 3 4 5 6 7 8 9 10 11 12月
(東京都中央卸売市場HP)
入荷量が少ない冬は値段《ねだん》が高いわ！
時期はずれの冬にあえてつくって、高い値段《ねだん》で売る！
うーん！商売上手っ！
このように、ビニールハウスなどで生育を早めて出荷する栽培方法《さいばいほうほう》を促成《そくせい》栽培というんじゃよ～。
重要
グッ
この辺《へん》はビニールハウスがたくさんありますね。
高知県や宮崎《みやざき》県は冬でも暖かいから暖房《だんぼう》費《ひ》があまりかからないんだよ。

マメ知識

交通の発達《はったつ》とともに、大都市から遠い地域《ちいき》でも大都市向けの野菜《やさい》づくりが行われるようになった。これを輸送園芸農業《ゆそうえんげいのうぎょう》という。高速道路や空《くう》港《こう》の整備《せいび》、保冷《ほれい》車などの発達によってさかんになった。

重要用語

促成栽培《そくせいさいばい》…ビニールハウスや温室などを利用《りよう》して野菜《やさい》やくだものの生育を早め，ほかの産地《さんち》より早い時期に出荷する栽培方法《ほうほう》。

夏・長野県 野辺山原《のべやまはら》
高原って夏でもひんやりしてるわ。
このあたりの畑は何をつくってるのかな？
夏はレタスやはくさいの出荷でいそがしいよ！
わあっ
レタスやはくさいは平地ではおもに秋から春にかけて出荷するけど…
高地は涼《すず》しいから夏に出荷できるよ。
だから高く売れる、と！
ほかの産地《さんち》と時期をずらすからね。
高知《こうち》県と同《おな》じようにね
高原野菜は促成栽培とちがっておそ作り。これを抑制《よくせい》栽培というのじゃ。
重要
長野県などの高地では、夏でも涼《すず》しい気候《きこう》をいかし…
高知県や宮崎県では冬でも温暖《おんだん》な気候《きこう》をいかすんだね！
でも、大都市までは遠いわ。
今は高速道路や飛行《ひこう》機《き》を利用《りよう》するので、大都市から遠くても出荷しやすくなったよ！
交通機関《きかん》の発達《はったつ》も野菜づくりに役立っているのね！
ブー
やさい

マメ知識

暖《あたた》かい気候《きこう》の地域《ちいき》で生産量《せいさんりょう》が多い促成栽培《そくせいさいばい》の野菜《やさい》には、高知県のピーマン・なす、宮崎《みやざき》県のピーマン・きゅうりなどがある。中央高地で生産量が多い抑制《よくせい》栽培の高原野菜には、長野県のレタス・はくさい、群馬《ぐんま》県のキャベツなどがある。

参考

施設園芸農業《しせつえんげいのうぎょう》と露地栽培《ろじさいばい》…ビニールハウスなどを利用《りよう》して野菜《やさい》やくだものをつくる農業が施設園芸農業。施設を使わず，自然《しぜん》の気象条件《きしょうじょうけん》下で栽培することを露地栽培という。

第2節《せつ》：野菜《やさい》とくだものづくり

2 くだものづくりがさかんな地域《ちいき》

くだものづくりは，その土地の気候《きこう》や地形と密接《みっせつ》に結《むす》びついている。ここでは，みかん，りんご，ぶどう，ももについて，どんな地域で生産《せいさん》がさかんなのか見ていこう。

和歌山県のみかんづくり
ずいぶん高い所までみかん畑があるなぁ〜。
わぁ！
海がきれ〜〜い!!
人《ひと》の話《はなし》聞《き》いてないだろ
ムグムグ
うんうん、あったかいねぇ〜。
ここは冬でも暖《あたた》かいから、みかんづくりに合っているのかしら…。
サンサン
ポカポカ
それに水はけがよくて太陽の光にめぐまれているからおいしいみかんができるんじゃ！
こうした山の斜面《しゃめん》のみかん畑は、とくによく日が当たるよ。
そうなんだ
みかん農家の人

マメ知識

みかんの仲間《なかま》にいよかん、なつみかん、はっさくなどがある。このうち、いよかんの「いよ」とは、愛媛《えひめ》県の昔の国名である「伊予《いよ》」のこと。いよかんは明治《めいじ》時代に山口県で発見され、愛媛県で栽培《さいばい》がさかんになった。

参考 **和歌山県の気候《きこう》**…和歌山県は紀伊《きい》半島の南部にあり，暖《あたた》かい太平洋側《がわ》の気候《きこう》。夏に南東の季節《きせつ》風がふき，降水量《こうすいりょう》が多い。

みかんづくりに必要《ひつよう》なのは、日がよく当たることと、暖かいことと…っと。
グラフを見てもみかんの生産地《せいさんち》はみんな暖かい地域《ちいき》なのがわかるぞ。
みかんの生産量《りょう》の割合《わりあい》
和歌山
愛媛
静岡
熊本
長崎
その他
メモ
メモ
入試に出る!
青森県・津軽《つがる》平野のりんごづくり
みかんと反対に涼《すず》しい気候《きこう》に合っているくだものがりんごじゃよ。
津軽《つがる》平野は水はけがよくて日本一のりんごの産地なのね。
シャクシャク
ちず
ほい、こっちもグラフ!
シュシュ
りんごの生産量の割合
青森
長野
岩手
山形
福島
その他
入試に出る!
りんごとみかんの産地《さんち》は北と南にハッキリ分かれているじゃろ!
北
南
涼《すず》しい東北地方の県の割合《わりあい》が大きいね。
長野県も多いわ！ 高地の夏は涼しいからなのね！
ングング

マメ知識

みかんの生産量《せいさんりょう》が多い上位《じょうい》3県は、長い間愛媛《えひめ》県・和歌山県・静岡《しずおか》県の3県でしめられている。みかんが暖《あたた》かい地域《ちいき》に合った農作物であることがよくわかる。これらの県に続《つづ》くのが、熊本《くまもと》県や長崎《ながさき》県などの九州地方の県。

参考

段々畑《だんだんばたけ》…山地や丘《きゅう》りょう地の斜面《しゃめん》を切り開き，階段《かいだん》のようにつくった畑。とくに平地の少ない瀬戸内《せとうち》には多くの段々畑が見られる。

山梨県《やまなし》
甲府盆地《こうふぼんち》
甲府盆地は日本一のぶどうの産地《さんち》です！いかがですか？
ぶどうジュース
ワイワイ
ぶどう祭りね。
どうして甲府盆地ではぶどうづくりがさかんなの？
前に学習した扇状地《せんじょうち》を思い出してみよう！
川が山地から平地に出る所にできる地形だよね！
甲府盆地はこういう扇状地が広いんじゃ。
↑おうぎ
ザー
扇状地はつぶのあらい土砂《どしゃ》が積《つ》もっているから、水はけがいいんじゃ。
じめじめしないところがくだものづくりに合ってるってことか。
ありがとう！
それと、盆地の夏はとても高温になるからぶどうがあまくなるのよ。

マメ知識

農林水産省《すいさんしょう》の基準《きじゅん》では、くだものとはおもに、1年ごとにかれる草本性の植物になる実をいう。この基準で分類《ぶんるい》すると、バナナやパイナップルはくだものということになるが、いちごやすいか、メロンはくだものではなく、野菜《やさい》に分類される。

参考

山梨県《やまなし》・長野県の気候《きこう》…季節《きせつ》風の影響《えいきょう》が少なく，一年を通して降水量《こうすいりょう》が少ない中央高地の気候。また，冬の寒さがきびしく，夏・冬の気温差《さ》が大きい。

マメ知識

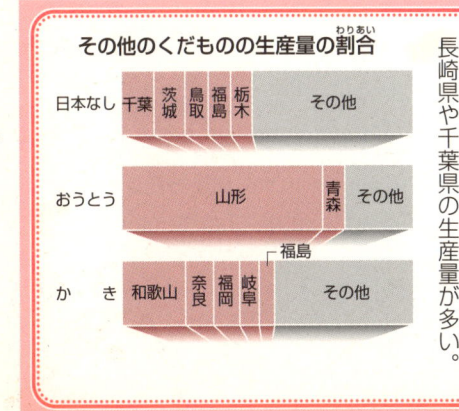

褐色《かっしょく》で、表面が毛でおおわれているキウイフルーツは、ニュージーランド特産《とくさん》の鳥であるキウイに外見が似《に》ていることから、この名がついたといわれている。キウイフルーツは日本国内でも生産《せいさん》されているが、輸《ゆ》入《にゅう》品はニュージーランド産のものがほとんどである。

ぶどうの生産量《せいさんりょう》の割合《わりあい》
山梨
長野
山形
岡山
福岡
その他
入試に出る！
だからホラ！
あっ！山梨県が日本一ね！
今度は春にいらっしゃい。この辺《あた》り一面、ももの花できれいよ。
えっ？もも？
山梨県はももづくりもさかんなの!?
ハァーア
みてみて
山梨県が1位《い》だわ！ぶどうで2位の長野県がここでも3位！
ももの生産量の割合
山梨
福島
長野
和歌山
山形
その他
入試に出る！
長野県も広い盆地があって、山梨県と気《き》候《こう》が似《に》てるみたいよ。
くだもの天国!! サイコー
食《た》べられりゃなんでもいいのか
へー

もっとくわしく

日本なし、おうとうなど その他のくだもの

日本なしは、長い間、鳥取県が日本一の生産量《せいさんりょう》をあげていたが、現在《げんざい》は千葉県や茨城《いばらき》県の生産量が上回るようになっている。また、おうとう（さくらんぼ）は山形盆《ぼん》地《ち》を中心に栽培《さいばい》している山形県が日本一の生産地である。そのほか、かきは和歌山県や奈良《なら》県、びわは長崎《ながさき》県や千葉県の生産量が多い。

その他のくだものの生産量の割合《わりあい》

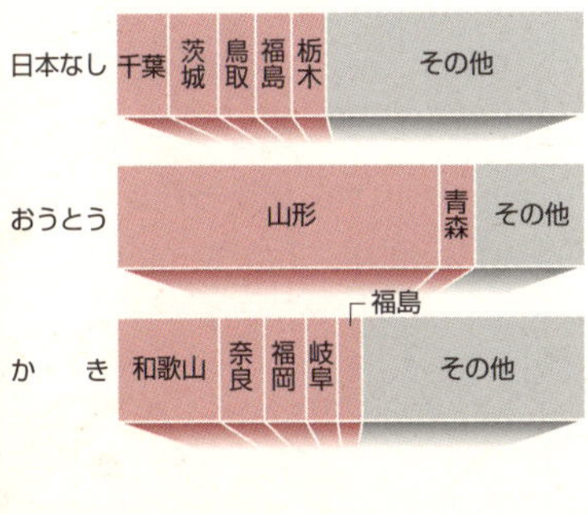
日本なし
千葉
茨城
鳥取
福島
栃木
その他
おうとう
山形
青森
その他
かき
和歌山
奈良
福岡
岐阜
福島
その他

参考

扇状地《せんじょうち》の土地利用《りよう》…中央高地ではかつては養蚕《ようさん》がさかんで，扇状地では桑畑《くわばたけ》が多かったが，第《だい》二次世界大戦《たいせん》後はその多くが果樹《かじゅ》園になった。

第2節《せつ》：野菜《やさい》とくだものづくり

3 野菜とくだものをめぐる動き

近年，日本では，くだものだけでなく野菜の輸入《ゆにゅう》も増《ふ》えている。その理由を見ていこう。また，輸入が増えたことが国内の農家にあたえる影響《えいきょう》もおさえておこう。

この前スーパーに行ったとき、外国産《さん》の野菜《やさい》やくだものが多かったわ！
そりゃ～ほとんど外国でしかとれないものもあるからね～。
バナナ
オレンジ
グレープフルーツ
ソラちゃんそんなことも知らないの？
日本で多くとれる野菜でも、外国産のものがあったのよ!!
ちゅうごくさん
中国産
しいたけ
メキシコ産
かぼちゃ
ムキー
まあまあ…。最近《さいきん》、野菜の輸入《ゆにゅう》が増《ふ》えているんじゃよ。
でも野菜は新せんさが命よ！
これこれ
ぎゅ～～
なにもわざわざ外国から輸入しなくても…。
外国のほうが日本より安く生産できるからのぅ～。
空の交通が発達《はったつ》して、新せんなうちに運べるようになったしな。
ゴ～
中国
日本

マメ知識

野菜《やさい》の生産額《せいさんがく》が多い上位《じょうい》三道県は、北海道、千葉県、茨城県《いばらき》（2004年）。このうち千葉県と茨城県は近郊《きんこう》農業がさかんで、北海道では十勝《とかち》平野を中心に、広大な耕地《こうち》で冷涼《れいりょう》な気候《きこう》にあった野菜の生産がさかんである。

重要用語

輸入《ゆにゅう》の自由化…輸入の量《りょう》や品目などに制限《せいげん》を加《くわ》えず，自由な輸入を認《みと》めること。日本は，外国からの要求《ようきゅう》により，さまざまな農作物で輸入の自由化を進めている。

マメ知識

わが国のくだものの輸入《ゆにゅう》先のうち、バナナやパイナップルはフィリピンが、グレープフルーツやレモン・ライム、オレンジではアメリカが、キウイフルーツではニュージーランドが最《もっと》も多い。その他の輸入先では、アフリカ大陸南端《なんたん》の国である南アフリカ共和国《きょうわこく》も重要《じゅうよう》である。

いいじゃないか。安く買えるし…。外国の野菜でもくだものでも。
国内の農家の人たちにとっては、競争《きょうそう》がはげしくなって大変《たいへん》じゃないの。
あんなに工夫《くふう》して作ってるのに!
日本《にほん》のみかん農家《のうか》代表《だいひょう》
わたしたちにとっては、外国のオレンジやグレープフルーツがライバルだよ。
たしかにのう
輸入品におされて日本の農作物が売れなくなったら困《こま》るわ～。
ドン
ドン
アメリカ
以前《いぜん》は農家を守るために国がオレンジの輸入を制限《せいげん》していたんじゃが、今は輸入が自由化されてるし、大変《たいへん》じゃろうのう。
いくらでも輸入できるようになったの?
もうダメ!!
重要
いや、輸入が増《ふ》え過《す》ぎるとセーフガードといって、輸入制限《せいげん》することができるんじゃ。
野菜やくだものはその年の気候《きこう》によってとれ高が大きく変《か》わることもなやみだよ…。
あんまりとれすぎても値段《ねだん》が下がり、困ることもあるしのう。
あまりすぎて、ねだんが下がる
不作《ふさく》でも値段が上がってわたしたちが困るし…。
何でもほどほどにできたらいいのにね!
ぼくのテストの点みたいにね!
コリャダメダメじゃ～

重要用語

セーフガード…特定《とくてい》の品物の輸入《ゆにゅう》が増《ふ》えすぎて，国内の生産《せいさん》者に大きな影響《えいきょう》が出た場合に，政府《せいふ》が行うことができる緊急《きんきゅう》輸入制限《せいげん》のこと。

要点整理と重要事項のまとめ③

1.米づくりがさかんな地域《ちいき》

①米づくりがさかんな地域《ちいき》

●**日本でさかんな米づくり**…**高温多雨**な気候《きこう》に合っている。米は日本人の主食。

●**生産《せいさん》の多い都道府県《とどうふけん》**…**北海道**や，**新潟《にいがた》県**・**秋田県**など。

②米づくりの仕事

●**米づくりの流れ**…**苗《なえ》づくり**→**田おこし・しろかき**→**田植え**→**消毒《しょうどく》**→**稲《いね》かり**

③生産を高めるくふう

●**機械《きかい》化**…農作業にかかる時間が短くなり，生産性《せいさんせい》が向上。トラクター・田植え機・コンバインなど。

●**耕地《こうち》整理**…入り組んだ田を大きな田に整えること。機械化しやすくなる。

●**品種改良《ひんしゅかいりょう》**…ちがう品種をかけ合わせてすぐれた性質《せいしつ》の作物をつくりだすこと。

●**環境《かんきょう》にやさしい農業**…わらなどを使ったたい肥《ひ》の利用《りよう》，**アイガモ農法《のうほう》**など。

④米づくりをめぐる動き

●**あまる米**…食生活が変《か》わり，**米の生産量《りょう》が消費《しょうひ》量を上回るようになる**。

●**米の生産調整（減反政策《げんたんせいさく》）**…1969年ごろから生産をおさえる政策がとられるようになった。

2.野菜《やさい》とくだものづくり

①野菜づくりがさかんな地域

●**近郊《きんこう》農業**…大都市の近くで野菜《やさい》などをつくる。**早く安く輸送《ゆそう》でき，有利《ゆうり》**。

●**促成栽培《そくせいさいばい》**…ビニールハウスなどで野菜などの生育を早め，他の産地《さんち》より早く出荷する→**高知平野**や**宮崎《みやざき》平野**など。

●**抑制《よくせい》栽培**…高地で，夏の涼《すず》しい気候を利用して**レタス**・**はくさい**などの高原野菜を栽培→野辺山原《のべやまはら》など。

②くだものづくりがさかんな地域

●**みかん**…温暖《おんだん》な地域→**和歌山県**・**愛媛《えひめ》県**・**静岡《しずおか》県**など。

●**りんご**…涼しい地域→**青森県**が日本一の生産地。東北地方の各県で多い。

●**ぶどう・もも**…**山梨《やまなし》県**が日本一の生産地。水はけのよい**扇状地《せんじょうち》**が中心。

③野菜とくだものをめぐる動き

●**輸入の増加《ぞうか》**…**外国のほうが安く生産できる**とともに，空の交通の発達《はったつ》で**新せんなまま運べる**ようになったため。

●**問題点**…国内の農家にとっては，競争《きょうそう》がはげしくなって大変《たいへん》。

重要事項の一問一答③

① 米づくりがさかんな地域

（▼答え記入らん）

①北海道や東北地方の県とともに全国有数《ゆうすう》の米の生産量をほこる北陸《ほくりく》地方の県はどこですか。……

②生産《せいさん》の能率《のうりつ》を上げるために，トラクターやコンバインなどを導入《どうにゅう》することを何といいますか。……

③入り組んだ小さな田を大きな田に整えることを何といいますか。……

④いろいろな品種《ひんしゅ》をかけ合わせて，よりすぐれた品種をつくることを何といいますか。……

⑤環境《かんきょう》にやさしいため，化学肥料《ひりょう》の代わりに使われるわらなどを使った肥料を何といいますか。……

② 野菜とくだものづくり

（▼答え記入らん）

①大都市の周辺《しゅうへん》で，大都市に出荷《しゅっか》するための野菜などをつくる農業を何といいますか。……

②ビニールハウスなどを使って野菜の生育を早め，早い時期に出荷する方法《ほうほう》を何といいますか。……

③高知県や宮崎《みやざき》県では，どのような気候を利用して②がさかんですか。……

④野辺山原などで夏の涼しい気候をいかして高原野菜をおそく作る方法を何といいますか。……

⑤和歌山県，愛媛《えひめ》県，静岡《しずおか》県など暖《あたた》かい気候の地域で生産量が多いくだものは何ですか。……

⑥東北地方や長野県など，涼《すず》しい気候の地域で生産量が多いくだものは何ですか。……

⑦りんごの生産量が日本一の県はどこですか。……

⑧ぶどうとももの生産量が日本一の県はどこですか。……

答え
① ①新潟県　②機械化　③耕地整理　④品種改良　⑤たい肥　② ①近郊農業　②促成栽培（早づくり）　③（例）冬でも温暖な気候　④抑制栽培（おそづくり）　⑤みかん　⑥りんご　⑦青森県　⑧山梨県

第3節《せつ》：工芸《こうげい》作物と畜産《ちくさん》

1 工芸作物の生産《せいさん》

畑では，茶などのように加工《かこう》して利用《りよう》するための工芸作物も栽培《さいばい》されている。どんな工芸作物がどんな気候《きこう》・地形の所で栽培されているのか，見ていこう。

日本一のお茶の産《さん》地《ち》・静岡《しずおか》県牧《まき》ノ原《はら》
茶つみは、4～5月ごろからいそがしくなるよ。
この茶の葉をむした後、もみながらかんそうさせるんだ。
茶

静岡県の茶畑（牧ノ原台地）　（牧之原市教育委員会）

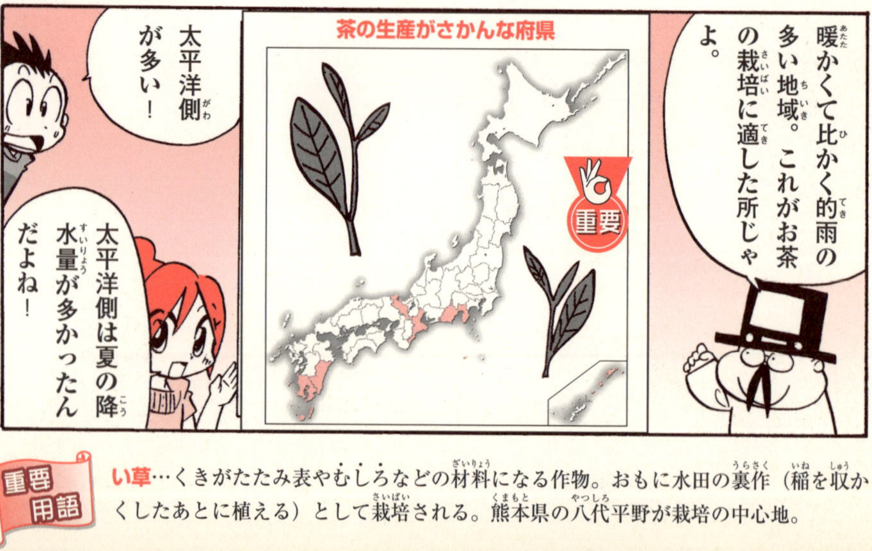
暖《あたた》かくて比《ひ》かく的《てき》雨の多い地域《ちいき》。これがお茶の栽培《さいばい》に適《てき》した所じゃよ。
茶の生産がさかんな府県
重要
太平洋側《がわ》が多い！
太平洋側は夏の降《こう》水量《すいりょう》が多かったんだよね！

マメ知識

江戸《えど》時代、農家では、米以外《いがい》に、売ってお金を得《え》るための工芸《こうげい》（商品《しょうひん》）作物の生産《せいさん》がさかんになった。綿織物《めんおりもの》の原料《げんりょう》である綿花、油をとる菜《な》種《たね》、染料《せんりょう》になる藍《あい》や紅花《べにばな》など。藩《はん》の重要《じゅうよう》な収入源《しゅうにゅうげん》として、藩がさかんに栽培《さいばい》をすすめた作物も多い。

重要用語

い草…くきがたたみ表やむしろなどの材料《ざいりょう》になる作物。おもに水田の裏作《うらさく》（稲《いね》を収《しゅう》かくしたあとに植える）として栽培《さいばい》される。熊本《くまもと》県の八代《やつしろ》平野が栽培の中心地。

マメ知識

さとうきびの糖分《とうぶん》は、発酵《はっこう》させるとエタノールというアルコールの一種《いっしゅ》が得《え》られる。これは燃料《ねんりょう》（バイオ燃料）として利用《りよう》でき、石油に代わる燃料の一つとして注目されている。日本では、2007年4月から、バイオエタノールをふくんだバイオガソリンの販売《はんばい》が始まった。

茶のように加工《かこう》して使用したり、工業製《せい》品《ひん》の原料《げんりょう》にしたりするための作物を工芸作物という！
ほかにもこういう工芸作物があるぞ。
シュシュ
さとうきび
てんさい
さとう
砂糖《さとう》
い草
たたみ表
こんにゃくいも
こんにゃく
てんさいっていう作物も砂糖《さとう》の原料になるのね！
おもな工芸作物の生産割合《わりあい》
入試に出る！
てんさい
総計392万3000t
北海道
さとうきび
総計121万4000t
沖縄
鹿児島
い草
総計1万5300t
熊本
福岡
3つとも生産のさかんな県がハッキリしとるんじゃ。
工芸作物は気候《きこう》や土地の特色《とくしょく》と強く結《むす》びついているから、各地《かくち》の特《とく》産《さん》物になっているものが多いんじゃ。
てんさい
寒い地域
さとうきび
暑い地域
この天才が生まれたのは寒い地域でも暑い地域でもないのだ…。
東京都出身
フシギだなァ
勝手《かって》に言ってれば。
プイッ

重要用語

てんさい…根をしぼって砂糖《さとう》をとる作物。しぼりかすや葉・くきは家畜《かちく》の飼料《しりょう》にもなる。さとうだいこん，ビートともいう。

第3節《せつ》：工芸《こうげい》作物と畜産《ちくさん》

2 畜産がさかんな地域《ちいき》

牛やぶた，にわとりなどを飼《か》って牛乳《ぎゅうにゅう》や肉，卵《たまご》などを生産《せいさん》する農業が畜産《ちくさん》。それぞれの家畜《かちく》の飼育《しいく》がさかんな都道府県《とどうふけん》をおさえておこう。

マメ知識

日本では、7世紀《せいき》に、中国からの渡来《とらい》人が朝廷《ちょうてい》に牛乳《ぎゅうにゅう》を献上《けんじょう》したという記録《きろく》がある。このころから、現在《げんざい》のヨーグルトやチーズにあたる酪製《らくせい》品《ひん》もつくられるようになったが、当時、これらは食用というより薬として用いられた。

ここ何日か博士《はかせ》見ないね。
どうしたのかしら…。
コトッ
手紙だ！
なに なに…
ちょっと旅に出る…。畜産《ちくさん》のさかんな地域《ちいき》を調査《ちょうさ》してまとめておくように…。
こんな紙もあったわ！
乳牛の飼育頭数の割合《わりあい》
全国計 164万頭《とう》
北海道
栃木《とちぎ》
岩手
熊本《くまもと》
千葉
その他
乳牛《にゅうぎゅう》って牛乳《ぎゅうにゅう》をとるための牛だよね。
ンモオオオオオ…
乳牛の飼育《しいく》を畜産の一つ、酪農《らくのう》というそうよ。牛乳からバターやチーズもつくるらしいわ。
バター
チーズ
牛乳
牛といえば北海道…。
よし！北海道へ飛《と》ぶぜ!!
ヘンシンッ
あっホントだ
チーズの箱《はこ》のウラに北海道《ほっかいどう》にある会社《かいしゃ》の名前がかいてある…

重要用語 **乳牛《にゅうぎゅう》**…牛乳《ぎゅうにゅう》を生産《せいさん》するための牛。代表的《てき》な品種《ひんしゅ》は，涼《すず》しい地域《ちいき》で飼《か》われるホルスタイン種だが，中国山地などでは，比《ひ》かく的《てき》暑さに強いジャージー種が飼われている。

マメ知識

日本では畜産《ちくさん》の中心は牛やぶただが、世界では羊も重要《じゅうよう》な家畜《かちく》である。羊は、毛をとるほか、食肉としても重要。乳《ちち》は、とくにかんそう地域《ちいき》で暮《く》らす人々にとって重要な食料《しょくりょう》になる。飼育《しいく》頭数は、中国・オーストラリアが世界一・二位《い》。

北海道 根釧《こんせん》台地
ひろーーい
なるほど。えさの牧草《ぼくそう》がたくさんいるので、広い土地が必要《ひつよう》なんですね。
根釧台地の牧場 （別海町）
岩手県 北上高地
ここも広い牧場だ…。
千葉県の牧場《ぼくじょう》
ほう！ 千葉県は東京都などの大都市に近いから、新せんな牛乳を早く運べて有利《ゆうり》なんですね。
調査結果《ちょうさけっか》をまとめたぜ…。
ピラッ
○乳牛《にゅうぎゅう》の飼育《しいく》は、牧草《ぼくそう》を栽培《さいばい》する広《ひろ》い土地《とち》があるところでさかん。
○大都市《だいとし》が近《ちか》くにある、関東地方《かんとうちほう》で、新鮮《しんせん》な牛乳《ぎゅうにゅう》を早《はや》く運《はこ》べるので、さかん。
まだまだっ！ そんなレポートではあまいっ!!
むっ？
こっちは朝から大いそがしなんだ！ 働《はたら》いてみてから書き直し！
牧場はたくさんの牛を飼《か》って、規模《きぼ》を大きくしないと経営《けいえい》が難《むずか》しいから、いそがしいんだよ。
シャー

重要用語

酪農《らくのう》…乳牛《にゅうぎゅう》を飼《か》って牛乳《ぎゅうにゅう》やバター・チーズなどをつくる農業。牧草《ぼくそう》は気温が低《ひく》くても育つので，いっぱんに涼《すず》しい地域《ちいき》でさかんで，大都市に近い地域でも行われる。

熊本《くまもと》県の赤牛（褐毛［あかげ］和種《わしゅ》）
鹿児島《かごしま》県の黒牛（黒毛和種）
両方とも九州の自まんの肉牛だよ。
肉牛は北海道や九州地方の県で飼《し》育《いく》がさかんだな。
肉牛の飼育頭数の割合《わりあい》
北海道
鹿児島
宮崎
熊本
岩手
その他
全国計
276万頭《とう》
鹿児島県では広い台地で放牧《ほうぼく》
ここはシラスという火山灰《ばい》土の積《つ》もった台地で牧草がよく育つよ。
重要
シラス台地の分布《ぶんぷ》
宮崎《みやざき》
鹿児島《かごしま》
シラス台地の分布
（鹿児島県資料）
宮崎《みやざき》県南部にもシラス台地が広がっているのね！ だから肉牛の飼育がさかんなのね！
熊本県では阿蘇《あそ》山山ろくで放牧
牛1頭で1～2ヘクタールの広い牧草地が必要《ひつよう》なんだ。夏は山で放牧して、冬は牛舎《ぎゅうしゃ》で飼《か》うよ。
モ～
さぁ…？
なんだこいつ？
ふっ…
牛乳
チョコ
肉牛も広い土地のある所で飼育されてるんだな…。

マメ知識

ぶたは、いのししを家畜《かちく》に改良《かいりょう》した動物。1頭の母ぶたは、多いもので一回に20頭も子どもを産《う》む。また成長《せいちょう》が早いのも特色《とくしょく》で、生まれてから半年で体重が80倍ほどになる。

重要用語

シラス台地…九州地方の鹿児島《かごしま》県から宮崎《みやざき》県南部にかけて広がっている火山灰《ばい》土の台地。水もちが悪く，稲作《いなさく》には適《てき》さないので，畑作や畜産《ちくさん》が中心である。

マメ知識

日本では、各地《かくち》ですぐれた品質《ひんしつ》の肉牛が飼育《しいく》されているが、なかでも良質《りょうしつ》な牛の産地として知られるのが兵庫県《ひょうごけん》北部の但馬《たじま》地方。高級な牛肉として知られる三重県の松阪《まつさか》牛も、但馬地方の子牛から育てた牛である。

ぶたの飼育頭数の割合《わりあい》
鹿児島
宮崎
茨城
群馬
千葉
その他
全国計
962万頭《とう》
鹿児島県や宮崎県はぶたの飼育もさかんなのね！
関《かん》東《とう》地方《ちほう》の県《けん》でも多《おお》いわ！
鹿児島の黒ぶたはおいしくて有名だよ！
ブヒ
以上《いじょう》の調査《ちょうさ》結果《けっか》をまとめてみたぜ！どーだ!!
ばーん
畜産のさかんな県
○乳牛＝北海道、岩手県や関東地方の県
○肉牛＝北海道や九州地方の県
○ぶた＝鹿児島県や宮崎県、関東地方の県
入試に出る！
お〜、ごくろう！なかなかよくできとるのー！
博士《はかせ》！
ほんじゃ味のレポートはわしにおまかせ。
ジュ〜
ギャフ〜!!

もっとくわしく

にわとりの飼育《しいく》

鹿児島《かごしま》県などでさかん

にわとりには、食肉用のブロイラーと、卵《たまご》をとるための採卵鶏《さいらんけい》とがある。ブロイラーは、とくに鹿児島県・宮崎《みやざき》県で飼育《しいく》がさかんで、企業《きぎょう》による大規模《きぼ》な生産《せいさん》が行われている。また、採卵鶏の飼育は、新《しん》せんな卵を大消費《しょうひ》地に早く輸送《ゆそう》できる利点《りてん》を生かし、千葉県や愛《あい》知《ち》県など大都市近郊《きんこう》でもさかんだ。

ブロイラーと採卵鶏の飼育数
（2006年）

ブロイラー（万羽）		採卵鶏（万羽）	
宮崎	1,844	千葉	1,127
鹿児島	1,830	愛知	1,045
岩手	1,356	鹿児島	1,016
青森	581	広島	876
徳《とく》島《しま》	509	茨城	850
熊本	326	北海道	779
兵《ひょう》庫《ご》	314	岡《おか》山《やま》	768
全国	10,416	全国	17,696

参考

阿蘇山《あそ》…九州地方の熊本《くまもと》県にある火山。カルデラ（噴火《ふんか》後に落ちこんでできたくぼ地）の大きさは世界最大《さいだい》級。草千里《くさせんり》と呼《よ》ばれる平原などで牛や馬の放牧《ほうぼく》がさかん。

第3節《せつ》：工芸《こうげい》作物と畜産《ちくさん》

3 畜産をめぐる動き

近年，日本では肉類《にくるい》の輸入《ゆにゅう》が増《ふ》えている。また，日本をふくむ世界各地《かくち》で牛やにわとりの病気が発生している。これらの畜産をめぐる現状《げんじょう》について見ていこう。

アメリカ産牛肉 輸入禁止
…食の安全のためにはやむをえんな…。
？
バサ…
スーパーの肉売場…
売り上げにひびくなあ～。
お肉
牛どん屋さん…
アメリカの牛肉が食べられなくなるの？
牛どん 販売《はんばい》休止《きゅうし》
どうして輸入《ゆにゅう》を禁止《きんし》したの!?
BSE《ビーエスイー》（牛海綿状脳症《かいめんじょうのうしょう》）という牛の病気が発生したためなんじゃ。
重要
輸入が禁止されたら困《こま》る人がたくさんいるわよねぇ。
日本は牛肉の消費量《しょうひりょう》の半分以上《いじょう》を輸入しているからな。

マメ知識

日本の牛肉の輸入量《ゆにゅうりょう》は世界でもトップクラス。世界の中で輸出量がとくに多い国は、オーストラリアとブラジル。オーストラリアの牛肉はオージービーフと呼《よ》ばれ、日本でも輸入が多い。

重要用語

BSE《ビーエスイー》（牛海綿状脳症《かいめんじょうのうしょう》）…脳《のう》の組織《そしき》がおかされ，全身がまひして死んでしまう牛の病気。日本でも，2001年に初《はじ》めて感染《かんせん》牛が確認《かくにん》された。

日本にも牛はいっぱいいるじゃない。
北海道とか鹿児島とか
そうよね。どうしてわざわざ輸入するのかしら？
モー
モー
モー
モー
アメリカやオーストラリアでは、規模《きぼ》の大きな畜産《ちくさん》をしているから、多くの牛肉を安く生産《せいさん》できるんじゃ。
だからかー。
外国の牛肉と競争《きょうそう》しなければ…。
って畜産農家の人、言ってたな。
日本の農家ももっと牛をたくさん飼《か》って規模《きぼ》を大きくしたり、ブランド牛を育てたりしないと、利益《りえき》があがらないんですって。
日本の畜産は外国との関係《かんけい》が重要《じゅうよう》なんじゃ。
肉だけでなく家畜《かちく》の飼料《しりょう》も輸入にたよっとる。
病気といえば、鳥にも病気が広がったよね。
鳥インフルエンザじゃな！
鳥インフルエンザに感染《かんせん》して、処分《しょぶん》されたニワトリ
牛や鳥の健康《けんこう》を大事にしないとこっちの健康にもかかわってくるよ。
グー
牛肉《ぎゅうにく》、とり肉《にく》欠《けつ》ぼう症《しょう》？
なんなんじゃ…。

マメ知識

家畜《かちく》などで、親とまったく同じ性質《せいしつ》をもった子をつくる技術《ぎじゅつ》をクローン技術という。この技術によって、良質《りょうしつ》な肉をもつ牛やよく乳《ちち》を出す牛などをたくさんつくりだすことができる。すでにクローン羊やクローン牛が誕生《たんじょう》しているが、さまざまな問題点もある。

重要用語

鳥インフルエンザ…にわとりを中心とした鳥がかかる病気。毒性《どくせい》が強いウイルスの場合は，感染《かんせん》力が強く，感染したにわとりはほとんどが死んでしまう。

第4節《せつ》：水産業《すいさん》をめぐる動き

1 水産業がさかんな日本

日本は，近海によい漁場《ぎょじょう》があり，水産業がさかんである。どんな所がよい漁場になっているかを理解《りかい》しておこう。また，水あげ量《りょう》の多いおもな漁港もおさえておこう。

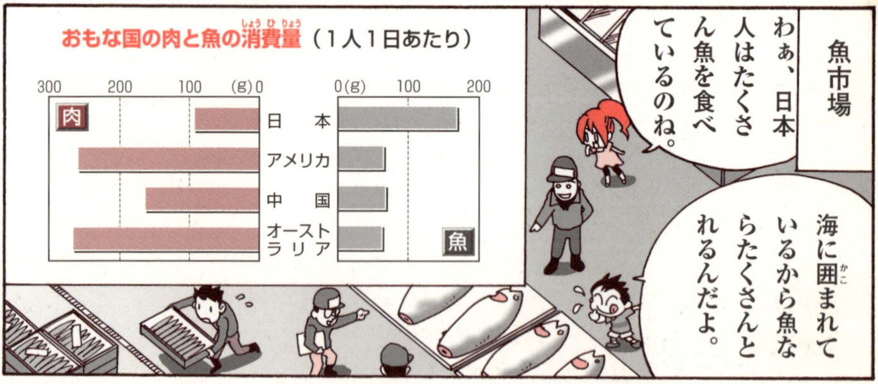
魚市場
わぁ、日本人はたくさん魚を食べているのね。
海に囲《かこ》まれているから魚なら たくさんとれるんだよ。
おもな国の肉と魚の消費量《しょうひりょう》（1人1日あたり）
300 200 100 (g) 0
0 (g) 100 200
肉
魚
日　本
アメリカ
中　国
オーストラリア

日本の近海は豊《ゆた》かな漁場《ぎょじょう》で、世界の三大漁場の一つになっているんじゃ。
200mくらい
日本の陸地《りくち》
大陸《たいりく》だな
おうっ！ そうだよ！ 陸地《りくち》の周《まわ》りに魚が集まる大陸《たいりく》だなが広がってるからね！
それに、太平洋側《がわ》の三陸海岸沖《さんりくかいがんおき》にはとくによい漁場があるよ！
重要

参考 **世界の三大漁場《ぎょじょう》**…いっぱんに，日本近海をふくむ太平洋北西部，アメリカの大西洋北部，ヨーロッパの北海・大西洋北東部をさす。いずれも潮目《しおめ》がある。

マメ知識 日本の漁《ぎょ》かく量《りょう》は1990年ごろまでは世界のトップクラスで，輸出《ゆしゅつ》もさかんだった。しかしその後，世界における地位《ちい》は下がり，現在《げんざい》は，中国やペルーなどよりも少なくなっている。

マメ知識

魚のえさになるプランクトンとは、運動能力《のうりょく》が小さく、水にただよっている小さな生物のこと。植物性《せい》と動物性とがある。人間の食料《しょくりょう》としても知られている動物性プランクトンには、おきあみ、さくらえび、しらす（いわしの稚魚《ちぎょ》）などがある。

三陸海岸の沖合《おきあい》には潮目《しおめ》といって、暖流《だんりゅう》の黒潮と寒流の親潮がぶつかる所があるんじゃ。
ここに魚のえさになるプランクトンがたくさん集まる！
日本周辺《しゅうへん》の海流と潮目
入試に出る!
親潮（千島海流）
リマン海流
日本海
対馬《つしま》海流
潮目
プランクトンが集まる
東シナ海
黒潮（日本海流）
太平洋
そして、それを食べる魚も集まるというわけだね。
ぼくら魚は海流にのってやってくるよ～
すし
大陸だなや潮目で魚はとり放題《ほうだい》でしょ？食べ放題でいいね。
ぱく ぱく
いや!!
うぐ
その魚も、じつは外国から輸入《ゆにゅう》したものかもしれないのじゃ。
水産業の仕事を体験《たいけん》してみよう。
ううう
ピク ピク

もっとくわしく

大陸《たいりく》だな

水産《すいさん》・地下資源《しげん》が豊富《ほうふ》な

陸地《りくち》の周《まわ》りの海で、いっぱんに水深が200mくらいまでのけいしゃのゆるやかな海底《かいてい》地形を大陸だなという。太陽の光が海底まで届《とど》くので栄養《えいよう》分に富《と》み、プランクトンが豊富《ほうふ》でよい漁場になっている。また、海底油田のさいくつが行われているところも多く、地下資源《しげん》の産出《さんしゅつ》地としても重要《じゅうよう》である。日本近海では、とくに東シナ海やオホーツク海に広い大陸だながある。

海底の地形

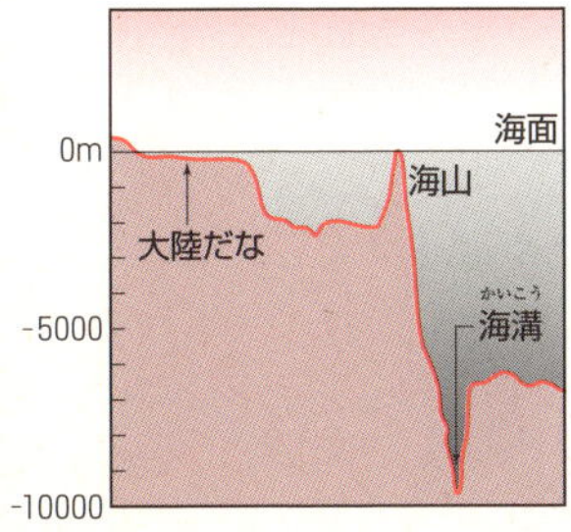
海面
0m
海山
大陸だな
-5000
海溝《かいこう》
-10000

重要用語

潮目《しおめ》…寒流《かんりゅう》と暖流《だんりゅう》が出合うところ。潮境《しおざかい》ともいう。栄養《えいよう》分が豊富《ほうふ》でプランクトンが多く，寒流と暖流に乗ったさまざまな魚が集まる。とくに三陸《さんりく》海岸の沖合《おきあい》の潮目《しおめ》は好漁場《こうぎょじょう》。

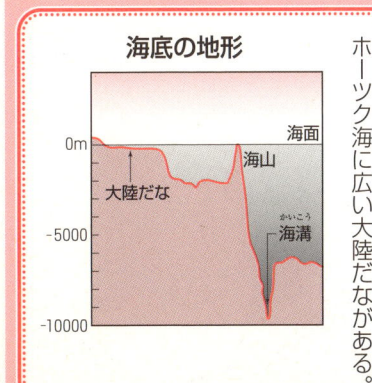

かつおの一本づり
ザパーン
黒潮《くろしお》に乗ったかつおを追って、北に進むぞー!!
静岡《しずおか》県・焼津《やいづ》港
この港に水あげするぞー!!
北海道・釧路《くしろ》港
親潮《おやしお》に乗ったさんまはこの港に水あげだ。
さんまは棒《ぼう》受けあみなどの漁法《ぎょほう》でとるよ。
強い光でさんまをおびき寄《よ》せる。

八戸《はちのへ》港や石巻《いしのまき》港も水あげ量《りょう》が多いんだな。
フラフラ
三陸《さんりく》海岸の沖《おき》はよい漁場になっているからな！水あげ量の多い漁港がたくさんあるぞ。

マメ知識

1990年代まで、日本一の水あげ量《りょう》をほこっていたのが、北海道の釧路港《くしろ》。北太平洋やオホーツク海などで行う遠洋漁業《ぎょぎょう》（北洋漁業）の最《さい》大《だい》の基地《きち》だった。しかし、遠洋漁業のおとろえとともに水あげ量は焼津《やいづ》港や銚子《ちょうし》港を下回るようになった。

水あげ量《りょう》の多いおもな漁港 重要

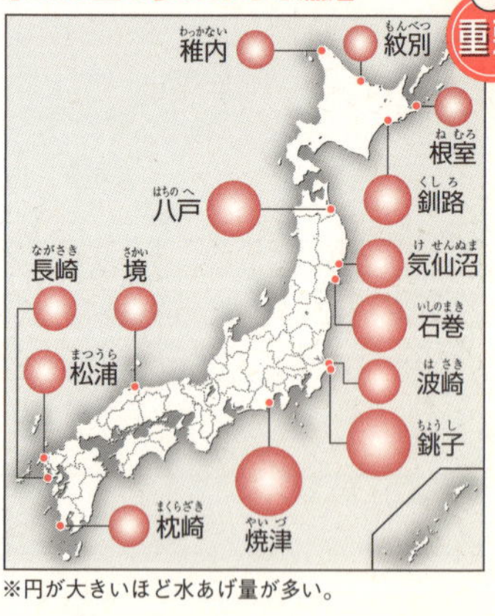
稚内《わっかない》
紋別《もんべつ》
根室《ねむろ》
釧路《くしろ》
八戸《はちのへ》
気仙沼《けせんぬま》
石巻《いしのまき》
波崎《はさき》
銚子《ちょうし》
長崎《ながさき》
境《さかい》
松浦《まつうら》
枕崎《まくらざき》
焼津《やいづ》

※円が大きいほど水あげ量が多い。

重要用語

水あげ…海や川でとれた魚などを港に運びこむこと。水あげされた魚などは市場で売買されるほか，加工《かこう》工場に運ばれ，さまざまな水産《すいさん》加工品になる。

東京都
九州地方でも水あげ量が多いぞ。九州の西の東シナ海も大陸《たいりく》だなが広いからのう。
ダイチくんしっかりやってるかな?
水あげされた魚はすぐに市場でせりにかけられるんじゃ。
朝からいそがしいぞー!
ワイワイ
ダイチくんたちがつった魚、いつごろこっちにくるのかしら?

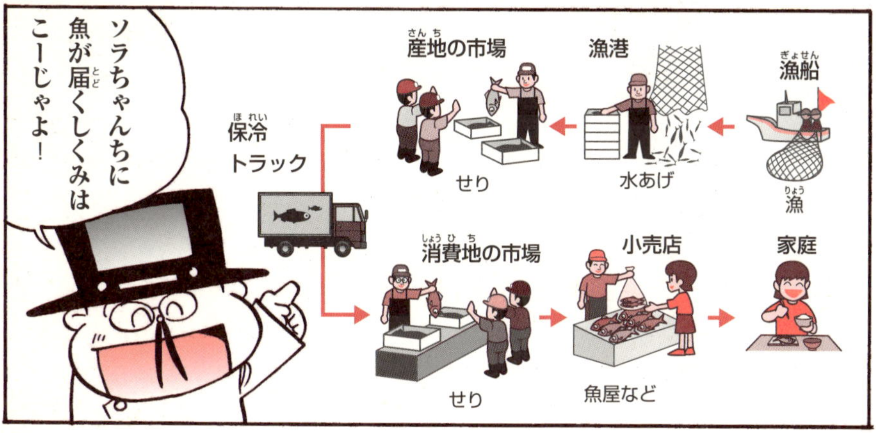
漁船《ぎょせん》
漁《りょう》
漁港
水あげ
産地《さんち》の市場
せり
保冷《ほれい》トラック
消費地《しょうひち》の市場
せり
小売店
魚屋など
家庭
ソラちゃんちに魚が届《とど》くしくみはこーじゃよ!

もっとくわしく

いろいろな漁法《ぎょほう》

あみやつりばりを使った

まぐろはえなわ
幹《みき》なわに，つりばりのついた枝《えだ》なわをつけ，まぐろをとる。

底引《そこび》きあみ
船であみを引き，海底《かいてい》近くにいる魚をとる。

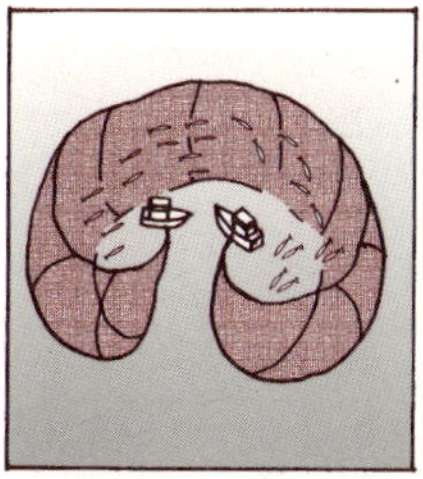

まきあみ
魚の群《む》れを大きなあみで取《と》り囲《かこ》み，たくさんの魚を一度にとる。

マメ知識

かつおの一本づりは、えさを海中にまき、かつおが集まってきたところを、水をまいてかく乱させ、一匹《びき》ずつつり上げるごうかいなつり方。遠洋漁業《ぎょぎょう》での一本づりでは、一回につき、およそ50日間、航海《こうかい》する。

重要用語

せり…魚や野菜《やさい》などの市場で，産物《さんぶつ》を売りたい人と買いたい人が値段《ねだん》をつけあい，最《もっと》も高い値段をつけた人に売られる方法《ほうほう》。

第4節《せつ》：水産業《すいさん》をめぐる動き

2 漁業《ぎょぎょう》の種類《しゅるい》

ハマチ用エサ
?

とる漁業にはおもに，沿岸《えんがん》漁業，沖合《おきあい》漁業，遠洋漁業がある。それぞれの特色《とくしょく》と漁《ぎょ》かく量《りょう》の変化《へんか》をおさえておこう。また，「育てる漁業」の養殖《ようしょく》業・栽培《さいばい》漁業についてもおさえよう。

ざぱーん
さて、そろそろ引きあげるか。
もう、港に帰るの？
ついてきちゃった
もっと魚をとりたければ遠洋漁業《ぎょぎょう》に出るかい？
半年ぐらいは港に帰れないけどな。
えっ!?

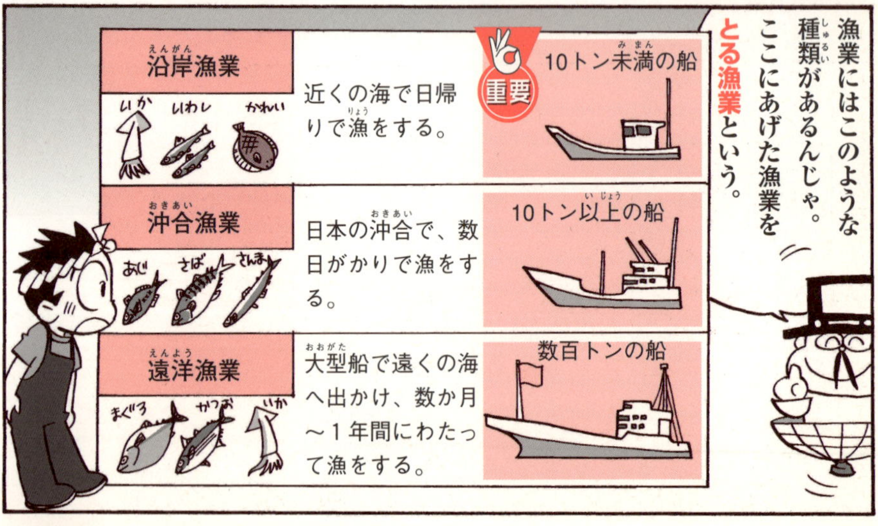
漁業にはこのような種類《しゅるい》があるんじゃ。ここにあげた漁業をとる漁業という。
重要
沿岸《えんがん》漁業
いか　いわし　かれい
近くの海で日帰りで漁《りょう》をする。
10トン未満《みまん》の船
沖合《おきあい》漁業
あじ　さば　さんま
日本の沖合《おきあい》で、数日がかりで漁をする。
10トン以上《いじょう》の船
遠洋《えんよう》漁業
まぐろ　かつお　いか
大型《おおがた》船で遠くの海へ出かけ、数か月～1年間にわたって漁をする。
数百トンの船

マメ知識

魚かい類《るい》の水あげ量《りょう》の多い港は太平洋側《がわ》に多いが、日本海側で水あげ量の多い漁港に鳥取県の境港《さかいこう》がある。この漁港の名は「境」で、市の名前が「境港《さかいみなと》」である。

参考

漁《ぎょ》かく量《りょう》の多い魚…沿岸漁業《えんがんぎょぎょう》では，いか，いわしなど，遠洋漁業では，かつお，まぐろ，いかなどが多い。

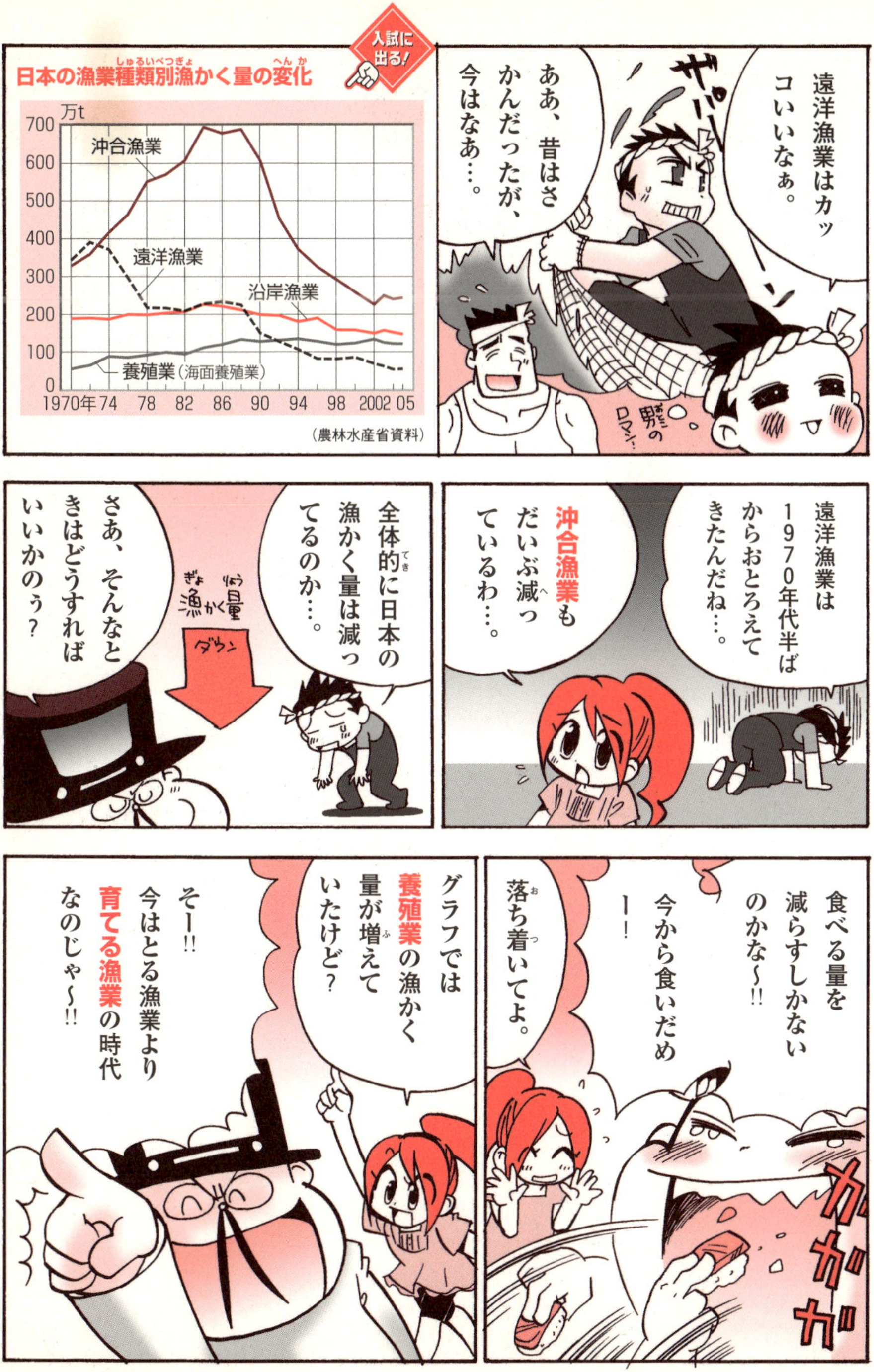
遠洋漁業はカッコいいなぁ。
ザパーン
ああ、昔はさかんだったが、今はなあ…。
男《おとこ》のロマン
入試に出る!
日本の漁業種類別《しゅるいべつ》漁《ぎょ》かく量の変化《へんか》
万t
700
600
500
400
300
200
100
0
1970年 74 78 82 86 90 94 98 2002 05
沖合漁業
遠洋漁業
沿岸漁業
養殖業（海面養殖業）
（農林水産省資料）
遠洋漁業は1970年代半ばからおとろえてきたんだね…。
沖合漁業もだいぶ減《へ》っているわ…。
全体的《てき》に日本の漁かく量は減っているのか…。
漁《ぎょ》かく量《りょう》
ダウン
さあ、そんなときはどうすればいいかのぅ?
食べる量を減らすしかないのかな～!!
今から食いだめー!
落《お》ち着《つ》いてよ。
ガガガガ
グラフでは養殖業の漁かく量が増《ふ》えていたけど?
そーー!!
今はとる漁業より育てる漁業の時代なのじゃ～!!

マメ知識

さしみやすしとして食べられ、日本人に大人気の魚がまぐろ。しかし、近年はその数が減《へ》り、国際会議《こくさいかいぎ》で漁かく量の制限《せいげん》が取り決められた。そこで、養殖《ようしょく》まぐろが注目されている。まぐろは養殖が難《むずか》しい魚だが、最近《さいきん》は日本で、卵《たまご》から育てる完全《かんぜん》養殖に成功《せいこう》している。

重要用語

養殖業《ようしょくぎょう》…魚や貝，わかめなどを人工的《てき》な施設《しせつ》を利用《りよう》して育て，大きくなってから出荷する漁業。とくに波の静《しず》かな湾《わん》などでさかん。

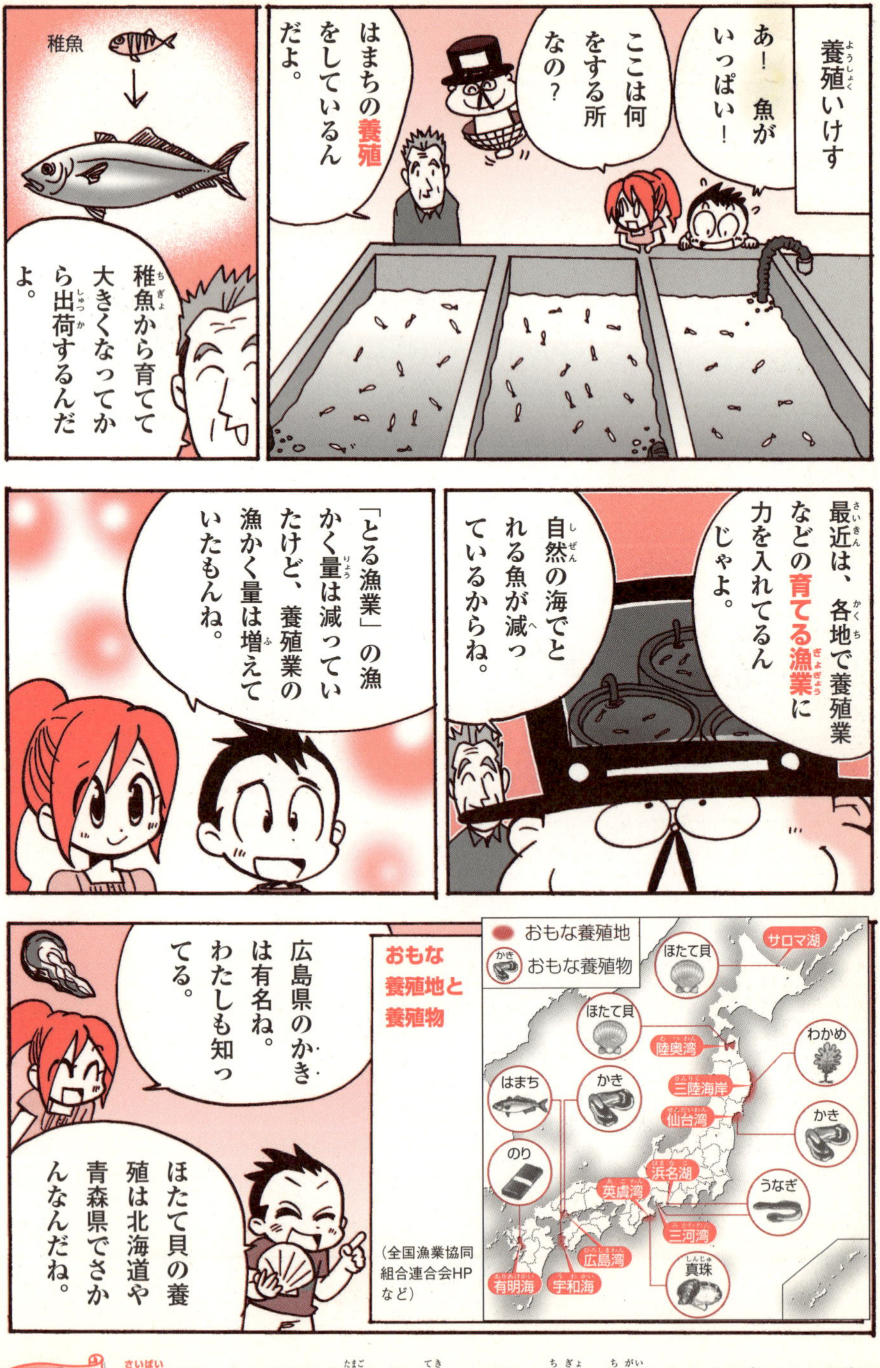
養殖《ようしょく》いけす
あ！ 魚がいっぱい！
ここは何をする所なの？
はまちの養殖をしているんだよ。
稚魚
稚魚《ちぎょ》から育てて大きくなってから出荷《しゅっか》するんだよ。
最近《さいきん》は、各地《かくち》で養殖業などの育てる漁業《ぎょぎょう》に力を入れてるんじゃよ。
自然《しぜん》の海でとれる魚が減《へ》っているからね。
「とる漁業」の漁かく量《りょう》は減っていたけど、養殖業の漁かく量は増《ふ》えていたもんね。
おもな養殖地と養殖物
おもな養殖地
かき おもな養殖物
サロマ湖《こ》
ほたて貝
ほたて貝
陸奥湾《むつわん》
わかめ
三陸海岸《さんりくかいがん》
はまち
かき
仙台湾《せんだいわん》
かき
のり
浜名湖《はまなこ》
英虞湾《あごわん》
うなぎ
三河湾《みかわわん》
広島湾《ひろしまわん》
有明海《ありあけかい》
宇和海《うわかい》
真珠《しんじゅ》
(全国漁業協同組合連合会HPなど)
広島県のかきは有名ね。わたしも知ってる。
ほたて貝の養殖は北海道や青森県でさかんなんだね。

マメ知識
成長《せいちょう》とともに呼《よ》び名《な》が変《か》わる魚を出世魚《しゅっせうお》という。代表的《てき》なものに、ぶりやぼら、すずきなどがある。ぶりは、稚魚《ちぎょ》のときはもじゃこ、少し大きくなるといなだ、さらに、わらさとかはまちなどと呼ばれる。

重要用語
栽培漁業《さいばいぎょぎょう》…魚や貝などの卵《たまご》を人工的《てき》にかえし，稚魚《ちぎょ》・稚貝《ちがい》になるまで育ててから海や川に放流し，大きくなってからとる漁業。

マメ知識

真珠《しんじゅ》は、貝類《かいるい》の貝からの中にできる玉のこと。1893（明治《めいじ》26）年、日本で、あこやがい（真珠貝）を使った真珠の養殖《ようしょく》に初《はじ》めて成功《せいこう》した。志摩《しま》半島の英虞湾《あごわん》は、このときから、真珠の養殖の中心地として有名《ゆうめい》になった。

「育てる漁業」の中には稚魚（稚貝《ちがい》）まで育ててから海に放し、海で大きくなってからとる漁業もある。
栽培《さいばい》漁業といううんじゃよ。
栽培漁業のしくみ
卵《たまご》をかえす
成長《せいちょう》した魚・貝をとる
いけすなどで育てる
稚魚・稚貝を放流する
重要
こっちは海や川に放流して育てるんだね！
人間が大事に育てていけば魚も増えていくわね、きっと！
でも、養殖のえさ代は高いし、海のよごれが原因《げんいん》で発生する赤潮《あかしお》もなやみの一つじゃよ。
赤潮
赤潮が発生すると魚がちっ息して死んでしまうんだ。
うわ～っ!! そんなのダメ!!
海をきれいにしなきゃ!!
バシャ バシャ
ありがたいけどさわがしくて困《こま》るなあ…。

もっとくわしく

海洋牧場

魚の牧場《ぼくじょう》

「育てる漁業」の一つに、海洋牧場がある。これは、牛の牧場と同じように、自然の中で魚を育てる漁業《ぎょぎょう》である。海の中に人工魚しょうという魚のすみかをもうけたり、音で魚を集めて自動的《てき》にえさをやるロボットを利用《りよう》したりしている。進んだ技術《ぎじゅつ》をいかして水産《すいさん》資源《しげん》を増《ふ》やす取り組みである。

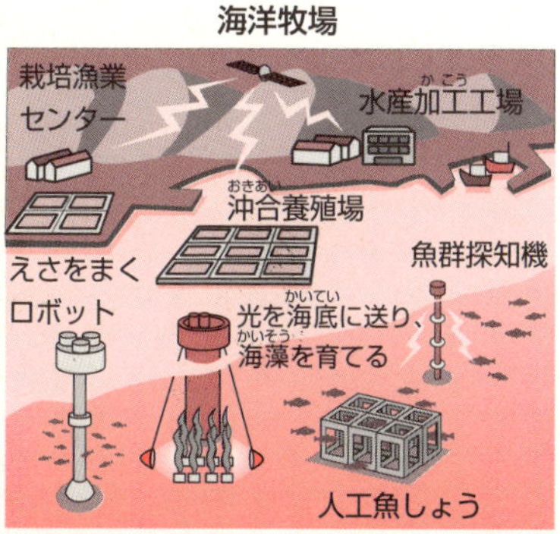
海洋牧場
栽培漁業センター
水産加工《かこう》工場
沖合《おきあい》養殖場
えさをまくロボット
魚群探知機
光を海底《かいてい》に送り、海藻《かいそう》を育てる
人工魚しょう

重要用語

赤潮《あかしお》…プランクトンが大量《たいりょう》に発生し，海や湖の水が赤くそまって見える現象《げんしょう》。沿岸《えんがん》部からの工場廃水《はいすい》や生活排水《はいすい》によって水がよごれることが原因《げんいん》。

第4節《せつ》：水産業《すいさん》をめぐる動き

3 水産業をめぐる動き

近年，日本では漁《ぎょ》かく量《りょう》が減《へ》り，水産物の輸入《ゆにゅう》が大きく増《ふ》えている。その理由を考えてみよう。とくに，各国《かっこく》が200海里の経《けい》済水域《ざいすいいき》を設定《せってい》した影響《えいきょう》は重要《じゅうよう》である。

日本の漁《ぎょ》かく量《りょう》はずいぶん減《へ》っていたけど、どうしてかな？
やっぱり魚をとりすぎて、少なくなったからかしら？
ボ〜…
それもある。
じゃがほかにも、各国《かっこく》で、少なくなった水産《すいさん》資源《しげん》を守ろうとする動きが強くなったことも関係《かんけい》しているんじゃよ。
前に学習した経済水域《けいざいすいいき》って、覚《おぼ》えているかな？
領海《りょうかい》の外側《そとがわ》で沿岸《えんがん》から200海里内の水域《すいいき》だよね。
そこではよその国が自由に魚や貝などをとってはいけないのよね。
入漁料《にゅうぎょりょう》をいただくよ！
200海里
そう！1970年代から自分の国の貴《き》重《ちょう》な資源《しげん》を守るために、各国がこの水域をもうけるようになったんじゃ。

マメ知識

海岸《かいがん》に沿《そ》って見られる林のなかで、魚を育てる役割《やくわり》をしている林を「魚つき林」という。この林からは、栄養分《えいようぶん》が海に流れこむとともに、さまざまな植物の葉やこん虫が海に落ちて魚のえさになる。このため、多くの魚が集まる。

重要用語

経済水域《けいざいすいいき》…海岸から200海里（約《やく》370km）内で領海《りょうかい》を除《のぞ》く水域。この範囲《はんい》内の水産資《すいさんし》源《げん》や鉱産《こうさん》資源は沿岸《えんがん》国に権利《けんり》があるとされ，他国は勝手に漁業《ぎょぎょう》をすることはできない。

マメ知識

水産物《すいさん》のうち、とくに輸入量《ゆにゅうりょう》が多いのがえびとまぐろで、さけやかになども多い。えびはベトナムやインドネシア、タイなど東南アジアの国々からの輸入が多い。

よその国の近くで漁《りょう》をする遠洋漁業がおとろえたのも、その影《えい》響《きょう》なのね…。
で、ぼくたちの食べる魚は足りなくなっているの!?
水産物の輸出入量《ゆしゅつにゅうりょう》の変化《へんか》
万t
700
600
500
400
300
200
100
0
1975年度 80 85 90 95 2000 05
輸入
輸出
輸入《ゆにゅう》がすごく増《ふ》えている！
重要
はいっ
日本の水産物の輸入《ゆにゅう》量は世界一なんじゃ！
えびやまぐろなど、値段《ねだん》の高いものの輸入が多いよ。
ようこそ日本へ！
みーんな、おいしく食べてあげるからね!!
食べすぎじゃ〜!!
ぱくぱく

もっとくわしく

山に木を植え、魚を増《ふ》やす

魚を育てる森林

近年、海の魚を増やすため、山で植林活動を進めている地域《ちいき》がある。豊《ゆた》かな森林がある山では、落ち葉が積《つ》もって栄養《えいよう》分に富《と》んだ土がつくられ、その栄養分をふくんだ雨水が川に流れこむ。川の栄養豊《ゆた》かな水は、やがて海に流れこみ、魚のえさになるプランクトンを育てる。このプランクトンを求《もと》めてたくさんの魚が集まるためである。

森林と海との関係

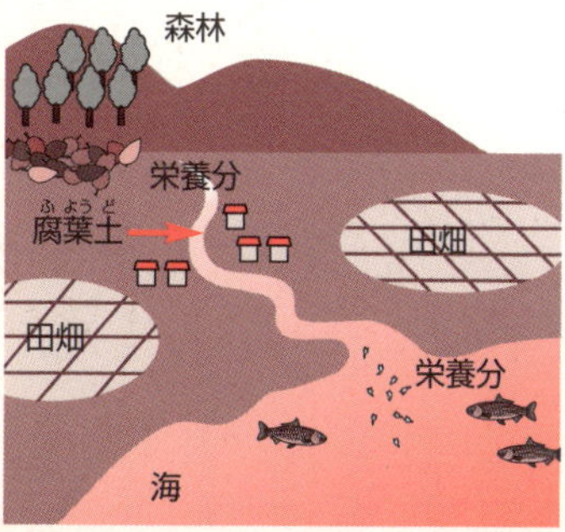
森林
栄養分
腐葉土《ふようど》
田畑
田畑
栄養分
海

参考 **水産物《すいさん》の加工《かこう》**…すり身をかまぼこやちくわなどのねり製品《せいひん》にしたり，かんづめなどにしたりする。また，家畜《かちく》の飼料《しりょう》や肥料《ひりょう》にも利用《りよう》される。

第5節《せつ》：日本の食料事情《しょくりょうじじょう》

1 日本の食料生産《せいさん》の変化《へんか》

外国と比《くら》べた日本の農業の特色《とくしょく》や，農業や水産業《すいさん》で働《はたら》く人々の変化《へんか》について見ていこう。また，食料の自給率《じきゅうりつ》が下がっていることを，その理由とともにおさえておこう。

自給率《じきゅうりつ》を上《あ》げるには？

アメリカの広大な小麦畑　(PANA通信社)

わ！　広い！　ここどこ!?
ぼくのうちの農場さ。大型《おおがた》機械《きかい》を使って小麦を大量生《たいりょうせい》産《さん》しているんだ！
HAHAHA…
博士《はかせ》のところにホームステイに来《き》たアメリカの少年
日本の農業はどんな特色《とくしょく》があるの？

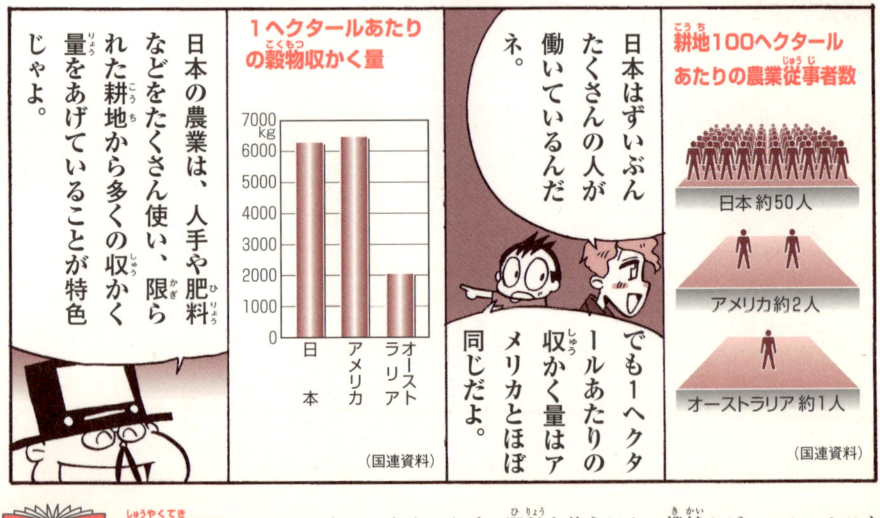
耕地《こうち》100ヘクタールあたりの農業従事《じゅうじ》者数
日本 約50人
アメリカ約2人
オーストラリア 約1人
(国連資料)
日本はずいぶんたくさんの人が働いているんだネ。
でも1ヘクタールあたりの収《しゅう》かく量はアメリカとほぼ同じだよ。
1ヘクタールあたりの穀物《こくもつ》収かく量
7000 kg
6000
5000
4000
3000
2000
1000
0
日本
アメリカ
オーストラリア
(国連資料)
日本の農業は、人手や肥料《ひりょう》などをたくさん使い、限《かぎ》られた耕地《こうち》から多くの収《しゅう》かく量《りょう》をあげていることが特色じゃよ。

マメ知識

販売《はんばい》農家のうち、年間60日以上《いじょう》農業をした65歳未満《さいみまん》の人がいる農家は主業農家と準《じゅん》主業農家、それ以外《いがい》の農家は副業的《ふくぎょうてき》農家と呼《よ》ばれる。主業農家は農業の収入《しゅうにゅう》が中心で、準主業農家は、農業以外の収入が中心の農家。

参考

集約的《しゅうやくてき》農業…日本のように，多くの人手や肥料《ひりょう》を使うほか，機械《きかい》やビニールハウスなどの施設《しせつ》を利用《りよう》するなどして，単位面積《たんいめんせき》あたりの収《しゅう》かく量《りょう》を高める農業をいう。

マメ知識

麦には、小麦や大麦、はだか麦などがある。小麦はパンやうどんなどの原料《げんりょう》になり、大麦はビールの原料や家畜《かちく》の飼料《しりょう》になる。小麦の生産量《せいさんりょう》は、北海道が全国の半分以上《いじょう》をしめている。

せまい耕地を有効利用《ゆうこうりよう》しているだネ！
ぼくんちは広いけど。
ムカ
日本は最近《さいきん》、農業で働《はたら》く人は少なくなってるのよね。
そうじゃ…。若《わか》い人が減《へ》ってのぅ。
あっ！じーちゃん！
高齢化《こうれいか》する農業の働き手（販売《はんばい》農家）
500万人
400
300
200
100
0
482万人
65歳未満《さいみまん》 66.9%
65歳以上《さいいじょう》 33.1%
389万人
47.1%
52.9%
324万人
41.9%
58.1%
1990年
2000年
2006年
（農林水産省資料）
わしらのあとをついでくれる人が少なくなった…。
わしら水産業《すいさん》も同じですよ。困《こま》ったもんです。
日本では農業や水産業など食料生産《しょくりょうせいさん》に従事《じゅうじ》する人が少なくなっている。
とくに若者がな…。
高齢化が進んでるんじゃ！
うちもついで！
いっぺんはムリ〜!!
どうにかならんかな

もっとくわしく

農家の分類《ぶんるい》

農家もいくつかに分かれる

近年、農家は、おもに経営《けいえい》する耕地面積《こうちめんせき》の規模《きぼ》によって、販売農家と自給的《じきゅうてき》農家に分けられている。自給的農家は、おもに自分の家で消費《しょうひ》するために農作物を生産《せいさん》する小規模《きぼ》な農家である。また、販売農家は、これまでのような専業《せんぎょう》農家・兼業《けんぎょう》農家という分け方以外《いがい》に、収入《しゅうにゅう》と働《はたら》き手のちがいから、主業農家、準《じゅん》主業農家、副業的《ふくぎょう》農家に分けられる。

農家の分類とその変化《へんか》

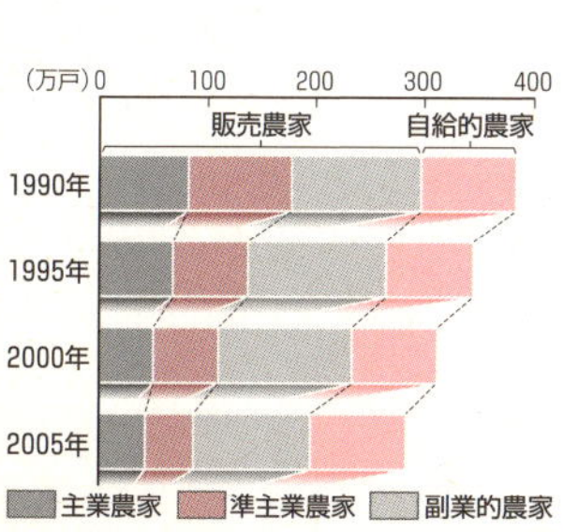
（万戸）0
100
200
300
400
販売農家
自給的農家
1990年
1995年
2000年
2005年
主業農家
準主業農家
副業的農家

参考

産業別人口《さんぎょうべつ》…第《だい》一次《じ》産業（農業・林業・水産業）で働《はたら》く人々は年々減少《げんしょう》し，2006年の割合《わりあい》は4%ほどで，第三次産業（商業・サービス業など）が全体の約《やく》3分の2をしめる。

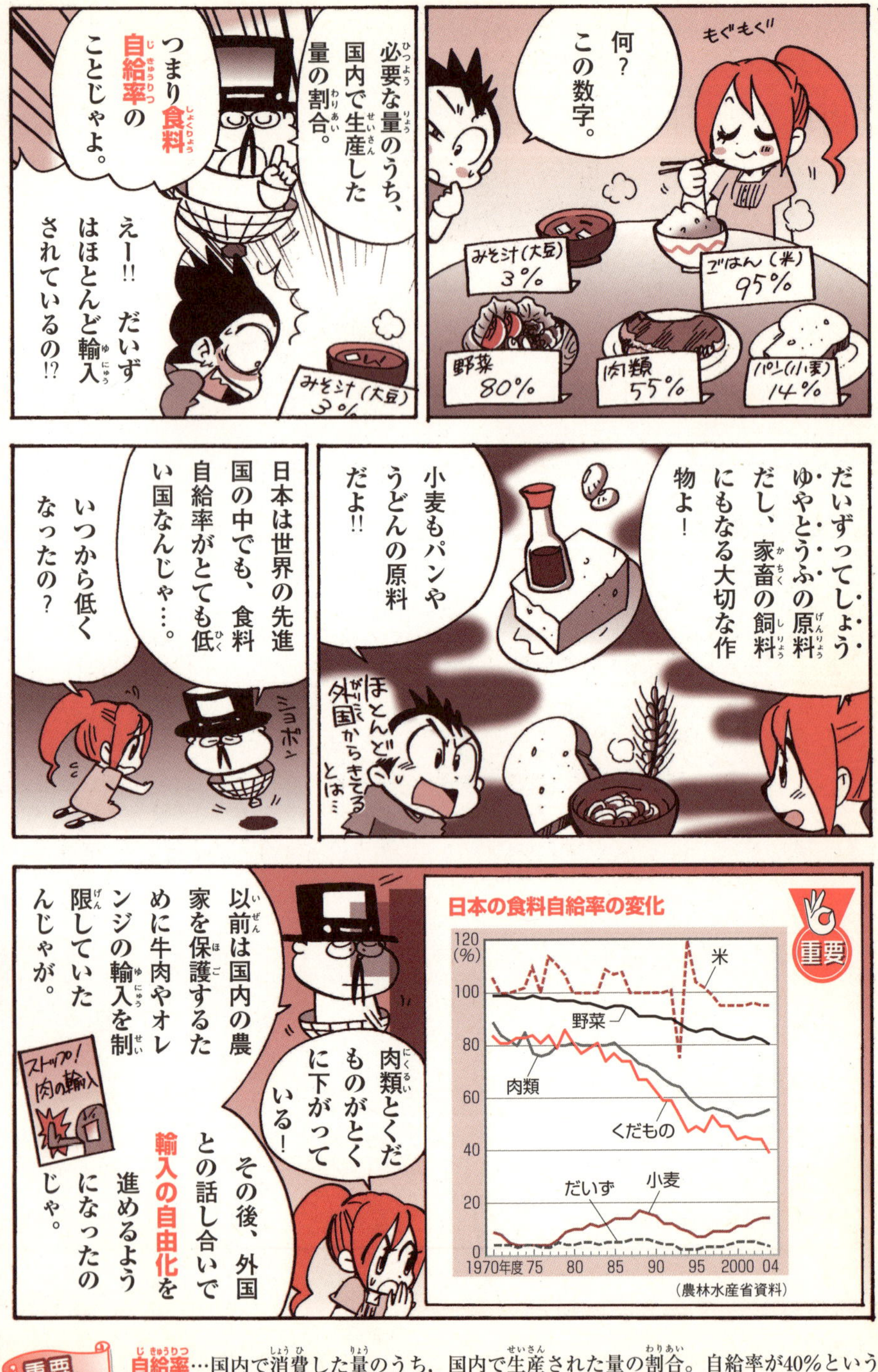
もぐもぐ
何？この数字。
ごはん（米）95%
みそ汁（大豆）3%
パン（小麦）14%
肉類 55%
野菜 80%
必要《ひつよう》な量《りょう》のうち、国内で生産《せいさん》した量の割合《わりあい》。
つまり食料《しょくりょう》自給率《じきゅうりつ》のことじゃよ。
えー!! だいずはほとんど輸入《ゆにゅう》されているの!?
みそ汁（大豆）3%
だいずってしょう・・・ゆやとうふの原料《げんりょう》だし、家畜《かちく》の飼料《しりょう》にもなる大切な作物よ！
小麦もパンやうどんの原料だよ!!
ほとんど外国からきてるとは…
日本は世界の先進国の中でも、食料自給率がとても低《ひく》い国なんじゃ…。
ショボン
いつから低くなったの？
重要
日本の食料自給率の変化
120 (%) 100 80 60 40 20 0
1970年度 75 80 85 90 95 2000 04
米
野菜
肉類
くだもの
だいず
小麦
（農林水産省資料）
以前《いぜん》は国内の農家を保護《ほご》するために牛肉やオレンジの輸入《ゆにゅう》を制《せい》限《げん》していたんじゃが。
ストップ！肉の輸入
肉類《にくるい》とくだものがとくに下がっている！
その後、外国との話し合いで輸入の自由化を進めるようになったのじゃ。

マメ知識

日本の食料《しょくりょう》全体の自給率《じきゅうりつ》は約《やく》40%。世界の先進国のうち、アメリカは、くだものなどを除《のぞ》くほとんどの食料は自給率が100%をこえている。つまり、国内で必要《ひつよう》な量《りょう》より多く生産《せいさん》されているということで、その分は輸出《ゆしゅつ》される。ヨーロッパでは、フランスの自給率がとくに高い。

重要用語

自給率《じきゅうりつ》…国内で消費《しょうひ》した量《りょう》のうち，国内で生産《せいさん》された量の割合《わりあい》。自給率が40%ということは，国内では，必要《ひつよう》な量の40%しか生産できていないということ。

マメ知識

新食糧法《しょくりょうほう》が1995年に施行《しこう》される以前《いぜん》は、米は、政府《せいふ》がいったん買い上げてから販売《はんばい》されることになっていて、米の価格《かかく》も政府が決めていた。このようなしくみを食糧管理制度《しょくりょうかんりせいど》という。

前に学習したけど、外国産の肉や野菜《やさい》って安いものが多いのよね！
それに、日本人の食生活が和食中心から変《か》わって、肉やくだものをたくさん食べるようになった…。
ジュース
バーガー
だから、国内生産《せいさん》では足りなくなってきたんじゃ。
それで輸入が増《ふ》えたのか…。
でも、輸入にたよっててだいじょうぶ？
アメリカ産の牛肉の輸入がストップして困《こま》ったこともあったし…、
たよりすぎはよくないよな！
…では、以上《いじょう》のことをまとめてみること！
まかせた!!
ピュー
ガオ～!!
たよるなって言ったじゃない!!

もっとくわしく

米の輸入《ゆにゅう》

外国との話し合いで決められた

日本では、以前《いぜん》は、主食である米をつくる稲作《いなさく》農家を保護《ほご》するために、米の輸入を制限《せいげん》してきた。また、国内生産《せいさん》で間に合うように米の生産を増《ふ》やしてきた。しかし、世界で貿易《ぼうえき》の自由化が進むにつれて、日本に対して輸入制限をとり除《のぞ》くよう要求《ようきゅう》する外国の声が強くなった。そのためわが国では、1995年から一定量《りょう》の米の輸入を始めることになり、さらに1999年からは輸入量の制限もとり除くことになった。

日本の米の輸入相手国

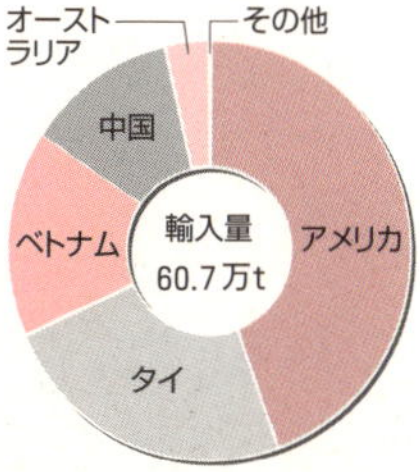
オーストラリア
その他
中国
ベトナム
輸入量
60.7万t
アメリカ
タイ

参考

家畜《かちく》の飼料《しりょう》…飼料には，とうもろこしやだいずかす，魚粉《ぎょふん》などが使われる。これらの飼料のわが国の自給率《じきゅうりつ》は25%程度《ていど》で，とても低《ひく》い。

第5節《せつ》：日本の食料事情《しょくりょうじじょう》

2 食料生産《せいさん》のいま

よい品質《ひんしつ》
安全《あんぜん》

近年，たい肥《ひ》を使うなど，環境《かんきょう》にやさしい食料生産に取り組んでいることをおさえよう。また，バイオテクノロジーを利用《りよう》した食料生産についても見てみよう。

今日は、じーちゃんばーちゃんを招待《しょうたい》してお食事会！
近ごろはこうして外国の料理《りょうり》がいつでも食べられるし…、
食生活が豊《ゆた》かになったテ。
しかし、食料生産《せいさん》にはまだまだ問題があるね。
食料自給率《しょくりょうじきゅうりつ》を上げることとかね！
自然環境《しぜんかんきょう》や人の健康《けんこう》に配りょすることも大切じゃな。
じーちゃんちでも化学肥料《ひりょう》を使わずに、たい肥《ひ》を使ってたよね！
それを有機《ゆうき》農業というんだテ。
環境《かんきょう》にやさしいんだテ。
アイガモ農法《のうほう》もその一つよね。

マメ知識

遺伝子《いでんし》（生物の形や性質《せいしつ》を決めるもの）を操作《そうさ》した遺伝子組みかえ作物に、だいずやとうもろこしなどがある。人体に影響《えいきょう》がないかどうか論《ろん》議《ぎ》があり、遺伝子組みかえ作物を使った食品は、そのことを表示《ひょうじ》しなくてはいけないことになっている。

重要用語

有機農業《ゆうきのうぎょう》…たい肥《ひ》を使うなど，自然《しぜん》の働《はたら》きを重視《じゅうし》した農業。一定期間，化学肥料《ひりょう》や農薬を使わずにつくられた農産物《のうさんぶつ》は有機農産物として国に認《みと》められている。

わたし、おいしくて品質《ひんしつ》のよいものをたくさん食べたいわ。
ぼくも
わしのとこでも品種改良《ひんしゅかいりょう》されて味のよい米をつくってる。
奥羽292号
コシヒカリ
あきたこまち
新《あたら》しい品種《ひんしゅ》！
スーパー
最近《さいきん》は進んだ科学技術《ぎじゅつ》で遺伝子《いでんし》を操作《そうさ》して、すぐれた品種をつくる試《こころ》みも進んでいるしな。
バイオテクノロジーだね！
品種改良《ひんしゅかいりょう》より効果《こうか》があるそうだテ…
消費者《しょうひしゃ》も、買うときは安全で品《ひん》質《しつ》のよいものを選《えら》ぶようにしたいものじゃな。
わたし、商品の情報《じょうほう》をよく見て買うようにしてるわ！
原材料 ○○○
製造者 ○○○○
賞味期限 ○月○日
おお！ わしらの米が買われてるぞ!!
米
減農薬米
生産者 米田太郎
これにしよう
やったー
じーちゃんたちの努力《どりょく》が実ったね！

マメ知識

家庭などから出る食品などの生ごみは、リサイクルによって、たい肥《ひ》や家畜《かちく》の飼料《しりょう》にすることができ、近年、取り組みがさかんになっている。家庭でも、専用《せんよう》の容器《ようき》や処理《しょり》機を使ってたい肥をつくることができる。

もっとくわしく

食品のりれき書

トレーサビリティ・システム

農作物などが生産《せいさん》者から消費《しょうひ》者にわたるまでの足どりを明らかにするしくみをトレーサビリティ・システムという。安全な食料品管《かん》理《り》のためのしくみである。食料品には、ごく小さな記憶装置《きおくそうち》がつけられ、生産者や生産方法《ほうほう》、出荷《しゅっか》日などが記録《きろく》される。消費者は、小売店や自宅《じたく》のパソコンなどで、その情報《じょうほう》を確認《かくにん》することができる。

トレーサビリティ・システムの例《れい》

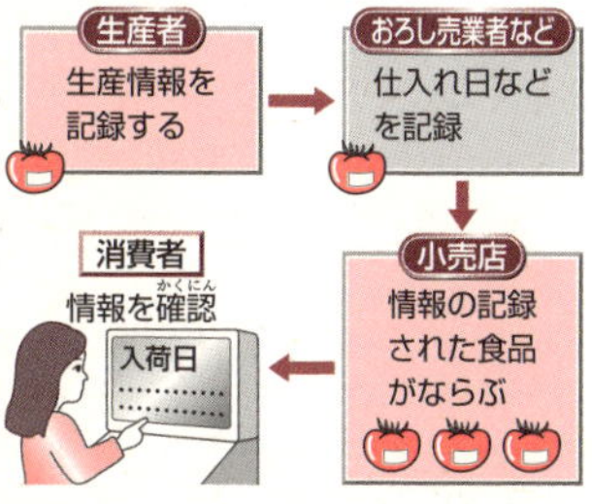
生産者
生産情報を記録する
おろし売業者など
仕入れ日などを記録
小売店
情報の記録された食品がならぶ
消費者
情報を確認《かくにん》
入荷日

重要用語

バイオテクノロジー（生物工学）…植物や動物の遺伝子《いでんし》を操作《そうさ》する技術《ぎじゅつ》などのこと。遺伝子を操作してつくられた農作物は遺伝子組みかえ作物という。

要点整理と重要事項のまとめ ④

3.工芸《こうげい》作物と畜産《ちくさん》

①工芸作物の生産《せいさん》

●**茶**…**静岡県牧《まき》ノ原《はら》**が日本一の生産地。

●**その他の工芸《こうげい》作物**…**さとうきび**→沖縄《おきなわ》県・鹿児島《かごしま》県，**てんさい**→北海道

②畜産《ちくさん》がさかんな地域《ちいき》

●**酪農《らくのう》**…**乳牛《にゅうぎゅう》**を飼《か》い，牛乳からバターやチーズを生産《せいさん》する。

●**乳牛の飼育《しいく》**…北海道の**根釧台地《こんせん》**や岩手県の**北上《きたかみ》高地**などでさかん。

●**肉牛の飼育**…**北海道**や**鹿児島県**・**宮崎《みやざき》県**の台地を中心に飼育。

●**ぶたの飼育**…**鹿児島県**・**宮崎県**や関東《かんとう》地方で飼育がさかん。

③畜産をめぐる動き

●**畜産の問題点**…肉類《にくるい》の輸入《ゆにゅう》が増加《ぞうか》。**BSE**や**鳥インフルエンザ**などの家畜《かちく》の病気が問題。

4.水産業をめぐる動き

①水産業がさかんな日本

●**豊《ゆた》かな漁場《ぎょじょう》**…広い**大陸《たいりく》だな**や，寒流と暖流《だんりゅう》の出合う**潮目《しおめ》**がある。

●**水あげ量の多いおもな漁港**…**焼津《やいづ》**，**銚子《ちょうし》**，**八戸《はちのへ》**，**釧路《くしろ》**など。

②漁業《ぎょぎょう》の種類《しゅるい》

●**とる漁業の種類**…**沿岸《えんがん》漁業**，**沖合《おきあい》漁業**，**遠洋漁業**。

●**養殖業《ようしょく》**…人工的な施設《しせつ》で魚などを育ててからとる。

●**栽培漁業《さいばい》**…育てたあと海などに放流し，成長《せいちょう》してからとる。

③水産業をめぐる動き

●**漁かく量が減少《げんしょう》**…200海里の**経済水域《けいざいすいいき》**の設定《せってい》で遠洋漁業に打撃《だげき》。沖合漁業も減少→近年，**輸入が増加**。

5.日本の食料事情《しょくりょうじじょう》

①日本の食料生産の変化《へんか》

●**働《はたら》く人の変化**…農業や水産業に従事《じゅうじ》する人が減少，**高齢化《こうれいか》**が進む。

●**低《ひく》い自給率《じきゅうりつ》**…とくに**小麦**・**だいず**が低い。

②食料生産《せいさん》のいま

●**有機《ゆうき》農業**…化学肥料《ひりょう》を使わず**たい肥**を利用《りよう》するなど，自然《しぜん》の働きを重視《じゅうし》。

●**バイオテクノロジー**…**遺伝子《いでんし》組みかえ作物**の開発など。

重要事項の一問一答 ④

③ 工芸作物と畜産

（▼答え記入らん）

①静岡県で日本一の生産量をあげている工芸作物は何ですか。……

②乳牛を飼い，牛乳からバターやチーズなどを生産する農業を何といいますか。……

③北海道とともに肉牛の飼育がとくにさかんな九州地方の県はどこですか。……

④BSEという病気が問題になっている家畜は何ですか。……

④ 水産業をめぐる動き

（▼答え記入らん）

①陸地《りくち》の周《まわ》りに広がる，深さが200mくらいまでの浅《あさ》い海底《かいてい》地形を何といいますか。……

②近くの海で日帰りで漁《りょう》をする漁業を何といいますか。……

③各国《かっこく》が200海里の経済水域を設《もう》けるようになって，とくに漁かく量が減《へ》った漁業は何ですか。……

④人工的な施設で稚魚《ちぎょ》や稚貝などを育て，大きくなってから出荷する漁業を何といいますか。……

⑤魚などを卵《たまご》から稚魚まで育てて海などに放流し，成長してからとる漁業を何といいますか。……

⑤ 日本の食料事情

（▼答え記入らん）

①パンの原料《げんりょう》で，日本の自給率がとくに低い農作物は何ですか。……

②化学肥料や農薬を使わず，自然の材料でできたたい肥などを使う農業を何といいますか。……

③遺伝子を操作《そうさ》して，新しい性質《せいしつ》の作物や家畜《かちく》などをつくる技術《ぎじゅつ》などを何といいますか。……

答え　③ ①茶　②酪農　③鹿児島県　④牛　④ ①大陸だな　②沿岸漁業　③遠洋漁業　④養殖（漁）業　⑤栽培漁業　⑤ ①小麦　②有機農業　③バイオテクノロジー（バイオ技術，生物工学）

日本は工業のさかんな国！ 工業の種類《しゅるい》や発達《はったつ》している地域《ちいき》などについて見ていこう。

第1節《せつ》：さまざまな工業

1 工業のしごと

工業は，大きく金属《きんぞく》工業，機械《きかい》工業，化学工業の重化学工業と，食料《しょくりょう》品工業，せんい工業，よう業，パルプ・製紙《せいし》工業などの軽工業に分けられる。

あっ！ワカちゃん。新車だね。
ぼく、自動車、大好《だいす》きさっ！
ねえ、自動車って、どうやって作っているの？
プラモデルを作るときと同じかな？
？
わっはっはっ、自動車の作り方だって？ぼくにまかせたまえ。
ベンケー先生!!こんにちはっ。

重要用語

工業…自然《しぜん》から得《え》られる原料《げんりょう》に，人の力や機械《きかい》の力を加《くわ》えることによって商品価値《かち》のある製品《せいひん》を生産《せいさん》する産業《さんぎょう》。

マメ知識

日本の工業は、貿易《ぼうえき》と密接《みっせつ》に結《むす》びついている。日本は資源《しげん》がとぼしいため、工業原料《げんりょう》の大部分を外国から輸入《ゆにゅう》し、国内で製品《せいひん》に加工《かこう》して外国へ輸出《ゆしゅつ》すること（加工貿易→131ページ）によって発展《はってん》してきた。

自動車は、日本の代表的《てき》な工業製品《せいひん》なんだ。
ソーナンダ
工業製品ってたくさんあるのよね。なんだか難《むずか》しそう…。
じゃあ、分かりやすく工業の種類《しゅるい》で大きく2つに分けてみよう。
そこでこれが役に立つ。
ミルミルスクリーン！
まず、これらが重化学工業で作られるものだ。
重要
機械《きかい》工業
船
自動車
テレビ
コンピュータ
モーター
カメラ
時計
金属《きんぞく》工業
アルミニウム
鉄鋼《てっこう》
化学工業
化学せんい
化学肥料《かがくひりょう》
プラスチック
洗剤《せんざい》
金属製品や機械、石油製品など、比《ひ》かく的重いもの。
わっ!! 出たっ。ベンケー先生の七つ道具だ。
そして、これらは軽工業で作られるものだ。
重要
せんい工業
織物《おりもの》
糸
衣服《いふく》・タオル
食料品工業
肉製品
パン
乳製品《にゅうせいひん》
その他の工業
印刷物《いんさつ》
陶磁器《とうじき》
パルプ・紙
身の回りで使う、比かく的軽い製品が多い。
では、ドコデモワープでそれぞれの工業を調べにいこう!!
ハーイ
ハーイ
見た目の割《わ》りに、すごい道具を持ってるね。

参考

重化学工業と軽工業の割合《わりあい》…それぞれの出荷額《しゅっかがく》を比べてみると，1935年は約《やく》50％ずつだったが，2004年では重化学工業が約70％，軽工業は約30％となっている。

第1節《せつ》：さまざまな工業

2 重化学工業

日本の工業は，重化学工業が中心になっている。とくに，自動車や鉄鋼《てっこう》は世界有数《ゆうすう》の生産量《せいさんりょう》をほこる。近年は，ICなどの電子部品を作る電子工業の発展《はってん》がめざましい。

まずは重化学工業だ。ここは製鉄所《せいてつ》だよ。
イエーイ
製鉄所のようす　（新日本製鐵）

鉄などを作る工業を鉄鋼業というんだ。鉄鉱石《てっこう》などの原料を熱《ねっ》して、鉄をとかしだすんだよ。
鉄鉱石
コークス
石灰石《せっかい》
高炉《こうろ》
鉄
製品《せいひん》
鋼板《こうはん》
H鋼《こう》
鋼管《こうかん》
真っ赤になってる。熱《あっ》いよー。

参考

鉄鋼業《てっこうぎょう》…高炉《こうろ》に鉄鉱石《てっこう》とコークス（蒸《む》し焼《や》きにした石炭），石灰石《せっかい》を入れて鉄分をとかし，転炉《てんろ》や電気炉《ろ》で不純物《ふじゅん》を取《と》り除《のぞ》く。のばして，鋼板《こうはん》や鋼管《こうかん》などの製品《せいひん》にする。

マメ知識

金属《きんぞく》工業では、各種《かくしゅ》の金属の鉱石《こうせき》から、鉄、銅《どう》、鉛《なまり》、亜鉛《あえん》、アルミニウムなどの金属を取り出し、精錬《せいれん》して地金にする。地金は圧延機《あつえんき》で引き延《の》ばし、板状《じょう》や棒状《ぼうじょう》の製品《せいひん》に加工《かこう》する。鉄鋼業《てっこう》が金属工業の中心。鉄鋼業以外の金属工業は非《ひ》鉄金属工業と呼《よ》ばれる。

マメ知識

化学工業では、原料《げんりょう》を化学反応《はんのう》させることによって、ほかの工業の原材料《げんざいりょう》を作る。原料として原油、天然《てんねん》ガス、石炭、塩などを用い、プラスチック、合成《ごうせい》せんい、合成皮革《ひかく》、合成洗剤《せんざい》、化学薬品、化学肥料《ひりょう》などの原材料を作る。化学工業の中心は、石油化学工業。

これは 石油化学 コンビナート。
重要
原油を分解《ぶんかい》して いろいろな 製品《せいひん》を作るんだ。
まず、製油《せいゆ》所で、原油を分解する。
それから さまざまな 製品が 作られるんだよ。
原油
ガソリン
ナフサ
重油
こんなにいろいろ できるのね。
自動車の タイヤや シートなども 作られるんだ。
合成皮革《ごうせいひかく》
洗剤《せんざい》
化学 せんい
医薬品
合成ゴム
肥料
化学肥料《ひりょう》
プラスチック
原料の鉄鉱石や原油は、ほとんどが外国から 輸入《ゆにゅう》されているよ。
おもな鉄鋼工場の所在地
室蘭《むろらん》
加古川《かこがわ》
倉敷《くらしき》(水島《みずしま》)
福山《ふくやま》
鹿嶋《かしま》
千葉《ちば》
川崎《かわさき》
君津《きみつ》
東海《とうかい》
呉《くれ》
大分《おおいた》
北九州《きたきゅうしゅう》
和歌山《わかやま》
石油化学コンビナートの所在地
四日市《よっかいち》
水島《みずしま》
周南《しゅうなん》
川崎《かわさき》
神栖《かみす》
千葉《ちば》,
市原《いちはら》,
袖ケ浦《そでがうら》
大阪《おおさか》
岩国大竹《いわくにおおたけ》
大分《おおいた》
だから工場は輸送《ゆそう》に 便利《べんり》な海沿《ぞ》いに あるんだね。
石油化学コンビナート　（出光興産）

重要用語

石油化学コンビナート…原油を精製《せいせい》する製油《せいゆ》所を中心に，周辺《しゅうへん》にゴム工場など各種《かくしゅ》石油化学工場を配置《はいち》した工場の集まり。製油所は，各工場にパイプで原材料《げんざいりょう》を供給《きょうきゅう》する。

自動車工場（プレス工程《こうてい》）　（トヨタ自動車）

さあ、いよいよ自動車工業だ。ここは鋼板《こうはん》をプレスして部品を作る工場だよ。

ロボットが溶接《ようせつ》しているよ。
うでだけのロボットなんだ…

とそうをした後、エンジンやシート、タイヤなどを取りつけるんだ。

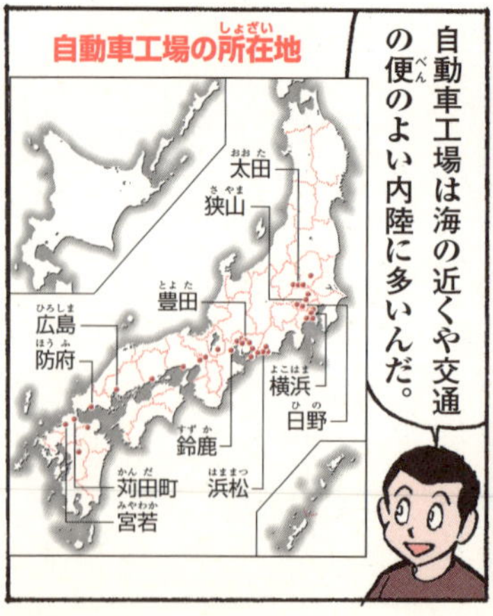
自動車工場の所在《しょざい》地
太田《おおた》
狭山《さやま》
豊田《とよた》
広島《ひろしま》
防府《ほうふ》
横浜《よこはま》
日野《ひの》
鈴鹿《すずか》
浜松《はままつ》
苅田町《かんだ》
宮若《みやわか》
自動車工場は海の近くや交通の便《べん》のよい内陸に多いんだ。

マメ知識

自動車工場には、プレス工場、溶接《ようせつ》を行う車体工場、とそう工場、組み立て工場などの建物《たてもの》があり、作業の順番《じゅんばん》に合わせて並《なら》んでいる。組み立て工場の中では、車体はベルトコンベヤーにのせられて移動《いどう》し、作業員は移動してきた車体に部品を取りつける。これを流れ作業と呼《よ》ぶ。

重要用語

自動車工業…日本では1970年代から著《いちじる》しく発達《はったつ》し，工業の中心となっている。現在《げんざい》，自動車生産《せいさん》台数はアメリカに次いで世界第2位，輸出《ゆしゅつ》台数は第1位である。

マメ知識

精巧《せいこう》な機械装置《きかいそうち》によって、作業を行う自動機械をロボットと呼《よ》んでおり、人に似《に》た姿《すがた》をしているとは限《かぎ》らない。工場では、産業《さんぎょう》用ロボットが溶接《ようせつ》などの作業を、人に代わって行う。産業用ロボットは、人の手にあたるアーム、目にあたるセンサー、脳《のう》にあたるコンピュータなどからなる。

いろいろな機械《きかい》を作るのが機械工業。自動車工業も機械工業の一種《いっしゅ》だ。
あっ　ロボットだ。
コンニチハ
人型《ひとがた》ロボットも機械工業の製品《せいひん》だね。
オオット！！　アブナイヨ。
ワーイ
コンピュータやロボットには、電子工業で作られるICやLSIが使われているよ。
小さいね。
IC（集積回路）
LSI
将来《しょうらい》は、人が運転しなくてもよいロボットカーができるだろうね。
キャー！
空を飛《と》んだりして…。

もっとくわしく

企業城下町《きぎょうじょうかまち》

都市を支える企業《きぎょう》

特定《とくてい》の企業とともに発展《はってん》し、その影響《えいきょう》が強い都市のことをいう。多くの住民《じゅうみん》がその企業、もしくは、その企業に関連《かんれん》する仕事についており、都市の財政《ざいせい》も、その企業の税金《ぜいきん》によって多くを支えられている。典型的《てんけいてき》な例として、自動車工業の愛知《あいち》県豊田《とよた》市があげられる。豊田市のほかには、電気機械《きかい》工業の茨城《いばらき》県日立《ひたち》市、化学工業の宮崎《みやざき》県延岡《のべおか》市がある。

おもな企業城下町

苫小牧（パルプ・製紙工業）
日立（電気機械工業）
豊田（自動車工業）
府中町（自動車工業）
川崎市川崎区（鉄鋼業）
門真（電気機械工業）
延岡（化学工業）
長崎（造船業）

重要用語

機械《きかい》工業…モーターなどの一般機械《いっぱんきかい》，自動車や船などの輸送《ゆそう》機械，テレビなどの電気機械，カメラなどの精密《せいみつ》機械のほか，ICなどを生産《せいさん》する電子工業がふくまれる。

第1節《せつ》：さまざまな工業

3 軽工業

軽工業では，食料《しょくりょう》品，衣服《いふく》，食器《しょっき》，紙など，おもに身の回りにある生活必需《ひつじゅ》品が作られている。それぞれの工業が，どんなところで発達しているかもおさえておこう。

醤油
MILK
3.6

マメ知識

陶磁器《とうじき》には、作家や伝統工芸士《でんとうこうげいし》によって少量生産《しょうりょうせいさん》され、美術《びじゅつ》品や伝統工芸品として高価《こうか》に売買されるものと、機械《きかい》で大量生産《たいりょうせいさん》される、いわゆる瀬戸《せと》物《もの》がある。瀬戸物は安価に売買され、おもに食器《しょっき》として用いられる。陶磁器は、愛知《あいち》県と岐阜《ぎふ》県で全国の出荷額の約《やく》50%をしめる。

金属《きんぞく》や原油などから製品《せいひん》を作るのが重化学工業でしたね。
うん。じゃあ次は軽工業を見てみよう。
重いとか、軽いとか、おもしろいなあー。
まっなにっ。
わたしの体重のこと？失礼《しつれい》ね！
ヨロッ
コホン。じゃあまず、食料品工業から調べてみよう。
魚や貝を加工《かこう》してかんづめにしたり、大豆からしょうゆを作ったりする工業だよ。
畜産《ちくさん》物や水産《すいさん》物の豊富《ほうふ》なところで食料品工業が発達しているんだね。
食料品工業がさかんなおもな都市
八戸《はちのへ》
石巻《いしのまき》
札幌《さっぽろ》
高崎《たかさき》
焼津《やいづ》
千葉《ちば》
銚子《ちょうし》
知多《ちた》
伊予《いよ》

重要用語

軽工業…食料《しょくりょう》品工業，せんい工業，よう業，パルプ・製紙《せいし》工業のほか，ピアノやギターなどの楽器《がっき》，えん筆などの文房具《ぶんぼうぐ》，たんすなどの家具を作る工業も軽工業にふくまれる。

せんい工業は、糸や衣類《いるい》を作る工業だ。毛織物《けおりもの》や絹織物《きぬおりもの》、タオルなどの生産《せいさん》もふくまれるよ。
せんい工業がさかんなおもな都市
八王子《はちおうじ》
桐生《きりゅう》
金沢《かなざわ》
福井《ふくい》
倉敷《くらしき》
今治《いまばり》
一宮《いちのみや》
名古屋《なごや》
泉佐野《いずみさの》
泉大津《いずみおおつ》
京都《きょうと》
絹糸《きぬいと》や綿花《めんか》の産地《さんち》だったところ、伝統的《でんとうてき》な織物が生産されてきたところに発達しているよ。
陶磁器《とうじき》やかわら、セラミックス製品などを作るのがよう業だ。
作ってみたいナ！
おもなセメント工場の所在地
八戸《はちのへ》
秩父《ちちぶ》
宇部《うべ》
津久見《つくみ》
原料となる陶土《とうど》や石灰石《せっかいせき》の産地に発達した工業だよ。
紙を作るのがパルプ・製紙《せいし》工業だね。
多くは、大規模《きぼ》な工場で、海外から輸入《ゆにゅう》された木材《もくざい》で作られる洋紙だよ。
パルプ・製紙工業がさかんなおもな都市
苫小牧《とまこまい》
富士宮《ふじのみや》
春日井《かすがい》
富士《ふじ》
四国中央《しこくちゅうおう》
木材の輸入に便利な海のそばの都市でさかんなんだね。

マメ知識

紙は、木材《もくざい》を原料《げんりょう》として作られている。木材を小さくくだいてチップにし、チップからパルプをつくり、パルプが製紙《せいし》の原材料《げんざいりょう》となる。ブラジル、オーストラリア、チリなどでは、木材チップを確保《かくほ》するための植林が行われており、このような植林は地球温暖化《おんだんか》防止《ぼうし》にも役立っている。

参考

ファインセラミックス…高純度《じゅんど》の原材料《げんざいりょう》を焼《や》き固《かた》めて作る焼物《やきもの》の一種《いっしゅ》。固《かた》くて軽く，熱《ねつ》にも強いので，電子部品，人工骨《こつ》，エンジンの部品などに使われている。

第1節《せつ》：さまざまな工業

4 伝統工業《でんとう》

伝統工芸品《こうげい》は，明治《めいじ》時代以前から受けつがれてきた職人《しょくにん》の技術《ぎじゅつ》によって作られる。全国各地《かくち》で今もどんな伝統工芸品が作られているかを見てみよう。

次は伝統《でんとう》工業を見にいくよ。
重要
伝統工業ってなんですか？
将棋《しょうぎ》の駒《こま》もそうなんだ。
明治《めいじ》時代以前から続く手作業中心の日用品作りだよ。
大館《おおだて》曲げわっぱ（秋田）
天童将棋《てんどうしょうぎ》駒（山形）
久留米《くるめ》かすり（福岡《ふくおか》）
会津塗《あいづぬり》（福島《ふくしま》）
桐生織《きりゅうおり》（群馬《ぐんま》）
南部鉄器（岩手）
小千谷《おぢや》ちぢみ（新潟《にいがた》）
西陣織《にしじんおり》（京都）
本場大島つむぎ（鹿児島《かごしま》）
加賀友禅《かがゆうぜん》（石川）
熊野筆《くまのふで》（広島）
土佐《とさ》和紙（高知）
いい音。南部《なんぶ》鉄器の風りんね。
チリ～ン

マメ知識

伝統工芸品《でんとうこうげい》のなかには、奈良《なら》時代から受《う》けつがれてきた技術《ぎじゅつ》もある。奈良時代、越前《えちぜん》和紙や美濃《みの》和紙は税《ぜい》として都に送られた。現存《げんそん》する最古《さいこ》の越前和紙は、奈良時代（730年）のものである。紙すきの技術は、高句麗《こうくり》の僧曇徴《そうどんちょう》により飛鳥《あすか》時代（610年）に伝えられたとされている。

重要用語

伝統工業《でんとう》…100年以上《いじょう》受けつがれている伝統的な技術《てきぎじゅつ》で，工芸品《こうげい》を生産《せいさん》する工業。原《げん》材料《ざいりょう》は天然《てんねん》から得《え》られるものが多く，おもに手作業で作られる。

マメ知識

伝統《でんとう》工業のなかには、江戸《えど》時代、藩《はん》の収入《しゅうにゅう》を増《ふ》やすために始められたものもある。たとえば、結城《ゆうき》つむぎは、江戸時代初期に産業振興策《さんぎょうしんこうさく》としてそれまでのつむぎに改良《かいりょう》が加《くわ》えられたものだ。天童《てんどう》の将棋《しょうぎ》の駒《こま》作りは、江戸時代後期に藩《はん》の窮乏《きゅうぼう》を救《すく》うため、武士《ぶし》の内職《ないしょく》として始められた。

わあーっ、たくさんあるね。
おもな伝統工芸品
焼《やき》物
塗《ぬり》物
染《そめ》物・織《おり》物
和紙《わし》
その他
入試に出る！
小千谷《おぢや》ちぢみ
十日町《とおかまち》明石《あかし》ちぢみ
輪島塗《わじまぬり》
加賀友禅《かがゆうぜん》
九谷焼《くたにやき》
越前《えちぜん》和紙
熊野筆《くまのふで》
備前焼《びぜんやき》
有田焼《ありたやき》
伊万里焼《いまりやき》
土佐《とさ》和紙
久留米《くるめ》かすり
西陣織《にしじんおり》
清水焼《きよみずやき》
信楽焼《しがらきやき》
美濃焼《みのやき》
常滑焼《とこなめやき》
結城《ゆうき》つむぎ
桐生織《きりゅうおり》
会津塗《あいづぬり》
天童将棋駒《てんどうしょうぎこま》
南部《なんぶ》鉄器
大館《おおだて》曲げわっぱ
琉球《りゅうきゅう》かすり
本場大島《ほんばおおしま》つむぎ
古くから伝わる職人の高い技術が生かされているんだ。
なぜ、各地に発達《はったつ》したのかなあ？
タイムワープで調べにいこう。
ヤッター七つ道具！
キャー

参考

伝統工芸士《でんとうこうげいし》…伝統工芸品を作る技術《ぎじゅつ》者の中でも，とくにすぐれた技術と知識《ちしき》をもつと認《みと》められた人のこと。

瀬戸焼《せとやき》は平安時代から続《つづ》いているよ。
瀬戸（愛知県《あいち》）
焼物は、質《しつ》のよい陶土《とうど》がとれるところで発達《はったつ》したんだ。
備前《びぜん》〔伊部《いんべ》〕（岡山県《おかやま》）
たんぼの下の土をほっているのね。
福島《ふくしま》県の会津《あいづ》では、うるしが植えられていたんだ。
うるしの木からしるをとっているんですね。
うるしかき
うるしのしるをぬる工芸品が塗物《ぬりもの》だ。江戸《えど》時代から続くところが多いよ。
岐阜《ぎふ》県の美濃《みの》和紙や福井《ふくい》県の越《えち》前《ぜん》和紙も、1000年以上《いじょう》の歴史があるんだ。
こうぞの水洗《あら》い
一枚《まい》一枚手ですいていくのね。
和紙作りは、材料《ざいりょう》のこうぞやみつまたなどの産地《さんち》で発達《はったつ》してきたんだ。
手すき

マメ知識

愛知《あいち》県瀬戸《せと》市一帯《いったい》は、古くから陶磁器《とうじき》の製造《せいぞう》がさかんであった。一九世紀《せいき》初《はじ》めには磁器《じき》がつくられるようになり、明治《めいじ》時代以降《いこう》は機械《きかい》化が進んで大量生産《たいりょうせいさん》が可能《かのう》となった。陶磁器全般《ぜんぱん》をさして「せともの」というのは、瀬戸でつくられた陶磁器が各地《かくち》に普及《ふきゅう》したことを表している。

参考

陶土《とうど》…陶磁器《とうじき》の原料《げんりょう》になるねん土。岐阜《ぎふ》県や愛知《あいち》県，九州北西部から良質《りょうしつ》の陶土が大量《たいりょう》にとれる。岡山《おかやま》県の備前焼《びぜんやき》は，水田の下にあるねん土をほり出して使っている。

マメ知識

「伝統的工芸品《でんとうてきこうげいひん》」は、一人の作家によって作られるきわめて高価《こうか》な美術《びじゅつ》品ではない。しかし、一つ一つ手作りされているため、美術品ほどではないにしても値段《ねだん》が高い。産地《さんち》によっては、分業化をはかって生産量《せいさんりょう》を増《ふ》やし、価格《かかく》を下げる努力《どりょく》をしているところもある。

絹織物《きぬおりもの》作りは、養蚕《ようさん》のさかんだった地域《ちいき》で発達《はったつ》している。
茨城《いばらき》県などで作られている、絹織物の結城つむぎは全国的に有名《ゆうめい》だ。
糸つむぎ
はた織り
西陣織《にしじんおり》は、京都で発達した絹織物だ。
はた織り
南部鉄器は、原料の砂鉄が豊富《ほうふ》にとれる岩手県の南部地方で作られてきた。
とけた鉄を型に注ぐ
山形県の天童《てんどう》では武士《ぶし》の内職《ないしょく》として将棋《しょうぎ》の駒《こま》作りをしていたんだ。
武士もラクじゃないねー

もっとくわしく

国に保護《ほご》される 伝統的工芸品《でんとうてきこうげいひん》

昭和《しょうわ》49（一九七四）年、伝統工業の技術《ぎじゅつ》を守り、発展《はってん》させるための法律《ほうりつ》（伝統的工芸品産業《さんぎょう》の振興《しんこう》に関する法律）がつくられた。

指定条件《じょうけん》としては、日常生活に用いられる工芸品であることや、手作業で作られていること、技術や原材料《げんざいりょう》が100年以上にわたって受けつがれていること、一定の地域《ちいき》で産業として成り立っていることなどがあげられている。

会津塗《ぬり》 （会津若松市）

参考

伝統工業《でんとうこうぎょう》の後継者《こうけいしゃ》…伝統工業の技術《ぎじゅつ》を身につけるには長い年月が必要《ひつよう》で，苦労も多い。そのため，なかには後継者が少なく，とだえるおそれのある伝統工業もある。

第2節《せつ》：工業がさかんな地域《ちいき》

1 工業が発達《はったつ》している地域

工業が発達しているところには，必《かなら》ず発達した理由がいくつかある。その理由をおさえながら，国内のどんな地域で工業が発達しているのかを見ていこう。

工業が発達している場所には、理由があったね。
大きな港に近い海沿《ぞ》いの地域《ちいき》だよね。原料《げんりょう》を運んでくるのに便利《べんり》だから。
海のそばだと、うめ立てて、土地を広げることもできますね。
また、働《はたら》く人がいることや大消費《しょうひ》地に近いことも大事な条件《じょうけん》だね。
古くから工業がさかんだった地域《ちいき》は四つあるんだよ。
京浜《けいひん》工業地帯《ちたい》
中京《ちゅうきょう》工業地帯
阪神《はんしん》工業地帯
北九州工業地帯
（地域）
入試に出る!
これらの工業地帯ですね。
何コレ?
そして、近年はそのほかの工業地域も発達してきたんだ。
京葉工業地域
関東内陸《かんとうないりく》工業地域
東海工業地域
瀬戸内《せとうち》工業地域
入試に出る!

マメ知識

海沿《ぞ》いの地域《ちいき》には、とくに鉄鋼《てっこう》業や石油化学工業などの重化学工業が発達《はったつ》している。石油化学コンビナートは臨海《りんかい》地域にしかない。これは、原料《げんりょう》の輸入《ゆにゅう》や製品《せいひん》の輸出《ゆしゅつ》に便利《べんり》だからである。また、臨海地域は、海をうめ立てることによって工場用地を広げることができるのも利点。

参考

工業が発達《はったつ》する条件《じょうけん》…原料《げんりょう》やエネルギー，製品《せいひん》の輸送《ゆそう》に便利《べんり》なこと。広い工場用地がある，または確保《かくほ》できること。労働《ろうどう》力が豊富《ほうふ》であること。大消費《しょうひ》地に近いことなど。

マメ知識

コンビナートは、生産《せいさん》上、関連《かんれん》の深い工場を同じ地域《ちいき》に集め、結《むす》び合《あ》わせて生産の合理化をはかるしくみである。原料《げんりょう》を輸送《ゆそう》する手間や原料をたくわえておくむだを省《はぶ》くことができる。石油化学のほかに、鉄鋼《てっこう》と化学が結びついたものや、食料品コンビナート、木材《もくざい》コンビナートなどもある。

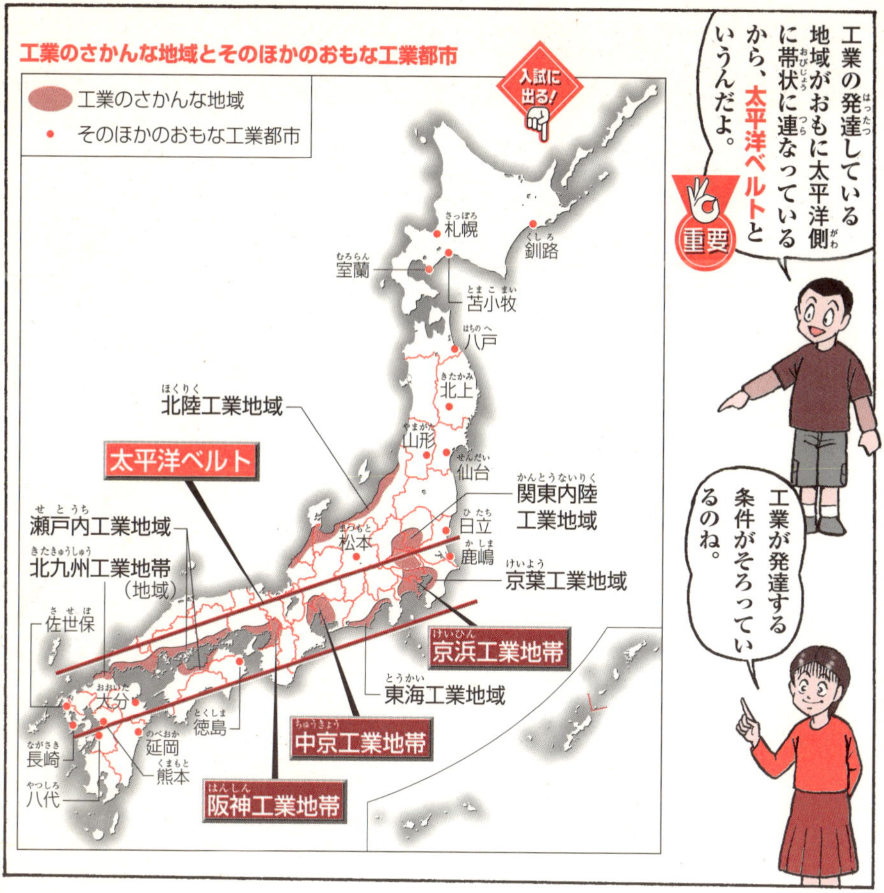
工業のさかんな地域とそのほかのおもな工業都市
入試に出る!
工業のさかんな地域
そのほかのおもな工業都市
札幌《さっぽろ》
釧路《くしろ》
室蘭《むろらん》
苫小牧《とまこまい》
八戸《はちのへ》
北上《きたかみ》
山形《やまがた》
仙台《せんだい》
北陸《ほくりく》工業地域
太平洋ベルト
関東内陸《かんとうないりく》工業地域
日立《ひたち》
鹿嶋《かしま》
松本《まつもと》
瀬戸内《せとうち》工業地域
北九州《きたきゅうしゅう》工業地帯(地域)
京葉《けいよう》工業地域
佐世保《させぼ》
京浜《けいひん》工業地帯
東海《とうかい》工業地域
大分《おおいた》
徳島《とくしま》
延岡《のべおか》
長崎《ながさき》
熊本《くまもと》
中京《ちゅうきょう》工業地帯
八代《やつしろ》
阪神《はんしん》工業地帯
工業の発達《はったつ》している地域がおもに太平洋側《がわ》に帯状《おびじょう》に連《つら》なっているから、太平洋ベルトというんだよ。
重要
工業が発達する条件がそろっているのね。

近年、内陸地域にも工業がさかんな都市が増《ふ》えているんだよ。
海の近くじゃない地域ですね。
今度は、空から内陸《ないりく》に発達した工業地域を調べてみようか。
今度はこれ!! ジェットコプター

重要用語

太平洋ベルト…関東《かんとう》地方南部から九州北部にかけての海沿《ぞ》いに，工業地帯《ちたい》や工業地域《ちいき》が集中している。太平洋ベルトの工業生産額《せいさんがく》は，日本全体の3分の2以上《いじょう》にもなる。

高速道路の周辺《しゅうへん》にある工業団地《だんち》　（岡山県）

これは高速道路の周辺にある工業団地《だんち》だよ。
高速道路を利用《りよう》して原料《げんりょう》や製品《せいひん》を運ぶのね。

マメ知識

関東内陸《かんとうないりく》工業地域《ちいき》は海からはなれたところにあるが、近年の発達《はったつ》がめざましい。これは、過密《かみつ》になった京浜《けいひん》工業地帯《ちたい》から工場が移《うつ》ってきたり、新しい工業団地《だんち》が建設《けんせつ》されたりしたためである。工業出荷額《しゅっかがく》は、京浜・阪神各《はんしんかく》工業地帯に匹敵《ひってき》するほどである。

IC工場の分布《ぶんぷ》

・おもなIC工場
空から見たIC工場　（NECエレクトロニクス）

重要

IC工場は全国各地《かくち》にあるのねえ。

参考

関東内陸《かんとうないりく》工業地域《ちいき》…埼玉《さいたま》・群馬《ぐんま》・栃木《とちぎ》の3県にまたがる工業地域《ちいき》。東北自動車道や関《かん》越《えつ》自動車道が整備《せいび》されたことが，内陸でも工業が発達《はったつ》した大きな理由である。

マメ知識

ＩＣの製造《せいぞう》には、空気がきれいなことと、製品《せいひん》を洗《あら》うためのきれいな水が必要《ひつよう》となる。また、製品の価格《かかく》が高く、小型《こがた》・軽量《けいりょう》なので一度にたくさん運べるため、輸送費《ゆそうひ》が高くても利益《りえき》が出る。これらの理由から、高速道路や空港が整備《せいび》された九州地方や東北地方にもＩＣ工場が多い。

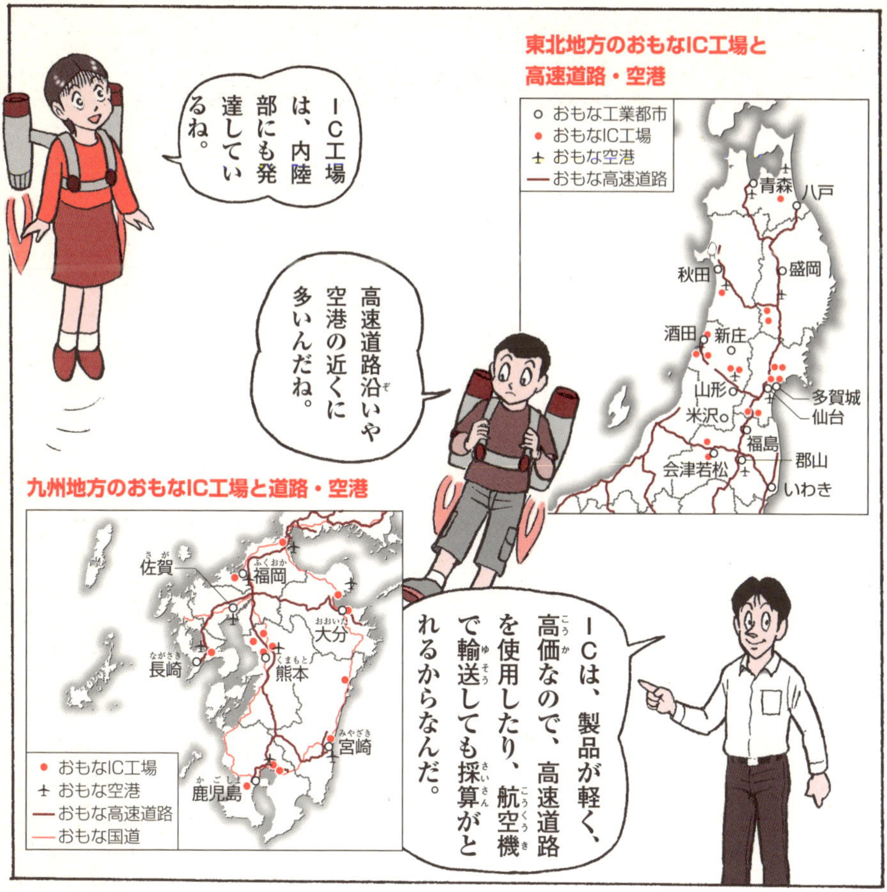
ＩＣ工場は、内陸部にも発達しているね。
高速道路沿《ぞ》いや空港の近くに多いんだね。
ＩＣは、製品が軽く、高価《こうか》なので、高速道路を使用したり、航空機《こうくうき》で輸送《ゆそう》しても採算《さいさん》がとれるからなんだ。
東北地方のおもなIC工場と高速道路・空港
おもな工業都市
おもなIC工場
おもな空港
おもな高速道路
青森
八戸
秋田
盛岡
酒田
新庄
山形
多賀城
米沢
仙台
福島
会津若松
郡山
いわき
九州地方のおもなIC工場と道路・空港
佐賀《さが》
福岡《ふくおか》
大分《おおいた》
長崎《ながさき》
熊本《くまもと》
宮崎《みやざき》
鹿児島《かごしま》
おもなIC工場
おもな空港
おもな高速道路
おもな国道

もっとくわしく

ＩＣの生産《せいさん》がさかん！

シリコンアイランド

シリコンとは、ＩＣの原材料《げんざいりょう》となる物質《ぶっしつ》のこと。電子工業のさかんなアメリカでは、電子工業の研究所や工場が集中しているサンフランシスコの南部、サンノゼの渓《けい》谷地帯《こくちたい》をシリコンバレーと呼《よ》んでいる。ＩＣ工場が各地《かくち》に進出し、電子工業がさかんになった九州地方は、シリコンバレーにならって、シリコンアイランドと呼ばれるようになった。

IC工場内のようす　（NECエレクトロニクス）

参考

東北地方の交通網《もう》…1980年代から東北新幹線《しんかんせん》や山形新幹線，秋田新幹線の開業や延長《えんちょう》があいつぎ，東北自動車道，磐越《ばんえつ》自動車道，山形自動車道などの整備《せいび》も進んでいる。

第2節《せつ》：工業がさかんな地域《ちいき》

2 各地《かくち》の工業地帯《ちたい》・工業地域

工業がさかんな地域には，古くから発達《はったつ》している工業地帯と近年新しく発達してきた工業地域がある。それぞれの特色《とくしょく》や出荷《しゅっか》額《がく》の移《うつ》り変《か》わりもおさえておこう。

工業地帯・地域別出荷額の割合《わりあい》

（2004年）

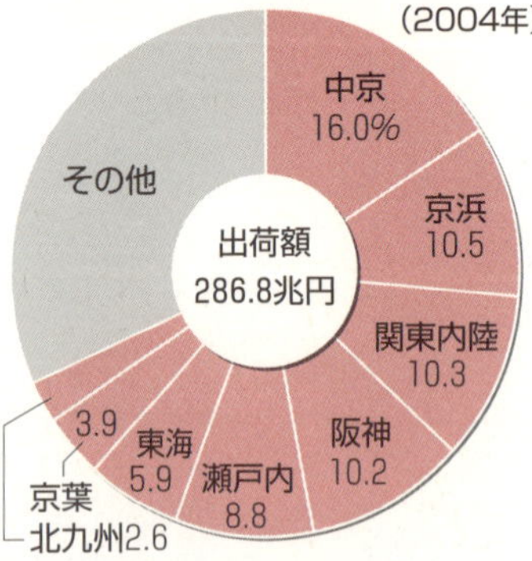
出荷額
286.8兆円
中京 16.0%
京浜 10.5
関東内陸 10.3
阪神 10.2
瀬戸内 8.8
東海 5.9
3.9
京葉
北九州2.6
その他

古くから発達しているのは、かつての四大工業地帯ですね。
重要
そう、そのうち中京、京浜《けいひん》、阪神《はんしん》は、出荷額がとくに多いんだ。

空から見た自動車工場（豊田市）　（トヨタ自動車）

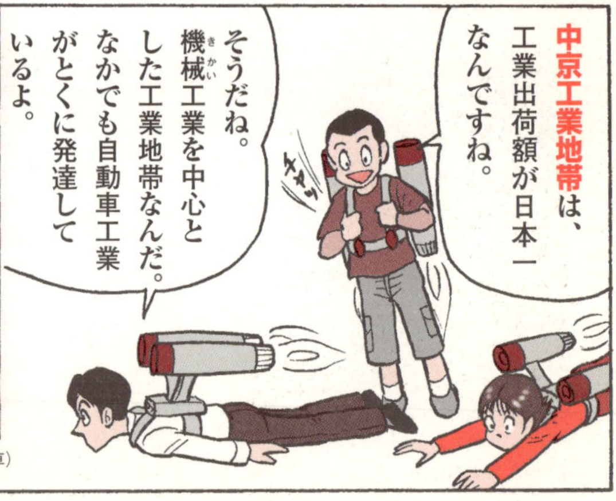
中京工業地帯は、工業出荷額が日本一なんですね。
そうだね。機械《きかい》工業を中心とした工業地帯なんだ。なかでも自動車工業がとくに発達しているよ。

マメ知識

中京工業地帯《ちたい》は、第二次世界大戦《たいせん》後、綿織物《めんおりもの》や毛織物《けおりもの》などのせんい工業を中心に復興《ふっこう》した。その後、四日市《よっかいち》市（三重《みえ》県）の石油化学工業や豊《とよ》田《た》市（愛知《あいち》県）の自動車工業が発達《はったつ》した。現在《げんざい》、全国一の工業出荷額《がく》をほこり、自動車工業をはじめとする機械《きかい》工業の割合《わりあい》は60％をこえる。

参考

四大工業地帯《ちたい》…明治《めいじ》時代，1910年代に京浜《けいひん》工業地帯，中京工業地帯，阪神《はんしん》工業地帯，北九州工業地帯の4つの工業地帯ができ，以後《いご》，日本の工業の発展《はってん》を支《ささ》えてきた。

マメ知識

北九州工業地帯《ちたい》は、1901年に八幡製鉄《やはたせいてつ》所が操業《そうぎょう》をはじめ、筑豊《ちくほう》炭田の石炭と中国から輸入《ゆにゅう》した鉄鉱《てっこう》石をもとに鉄鋼《てっこう》業が発達《はったつ》した。しかし、現在《げんざい》石炭産業《さんぎょう》や鉄鋼業はおとろえ、出荷額《がく》はのびなやんでいる。代わって、電子工業や自動車工業など、機械《きかい》工業の生産割合《せいさんわりあい》が高まっている。

京浜工業地帯は、機械工業の割合が高い。また、都心には新聞社などが多いから、印刷《いんさつ》工業もさかんだよ。
臨海《りんかい》部に石油化学コンビナートや鉄鋼《てっこう》工場がたくさんあるのね。
空から見た京浜工業地帯

阪神工業地帯は、金属《きんぞく》工業やせんい工業がさかんだよ。
?
今は、中京、京浜、阪神の三つをあわせて三大工業地帯ということもあるよ。
重要
ポッポッ
空から見た阪神工業地帯（大阪市）（大阪府港湾局）

北九州工業地帯（地域）は、かつて鉄鋼業を中心に発達したんだ。最近《さいきん》は、ＩＣ工場や自動車工場が多くつくられている。
鉄鋼業はおとろえてきたんですね。
建設《けんせつ》中の八幡製鉄《やはたせいてつ》所

参考 **三大工業地帯《ちたい》**…戦後《せんご》，新しくできた工業地域《ちいき》の出荷額《がく》が北九州工業地帯を上回るようになったので，現在《げんざい》は北九州をはずして三大工業地帯と呼《よ》ぶこともある。

工業地帯《ちたい》・地域別シェアの移《うつ》り変《か》わり

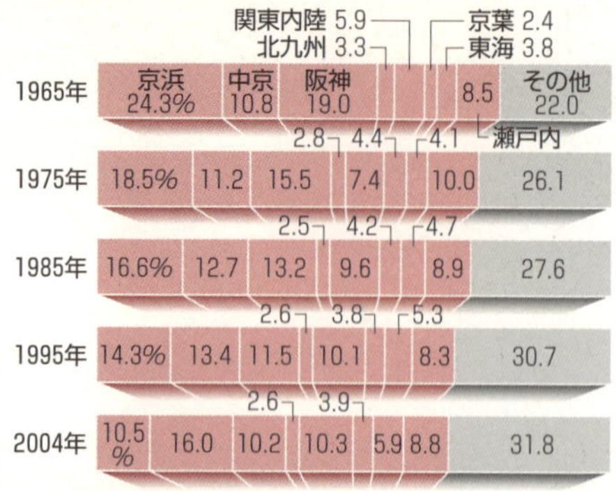
関東内陸 5.9
北九州 3.3
京葉 2.4
東海 3.8
1965年 京浜 24.3% 中京 10.8 阪神 19.0 8.5 その他 22.0
瀬戸内
2.8 4.4 4.1
1975年 18.5% 11.2 15.5 7.4 10.0 26.1
2.5 4.2 4.7
1985年 16.6% 12.7 13.2 9.6 8.9 27.6
2.6 3.8 5.3
1995年 14.3% 13.4 11.5 10.1 8.3 30.7
2.6 3.9
2004年 10.5% 16.0 10.2 10.3 5.9 8.8 31.8

新しい工業地域《ちいき》には、どんな特色《とくしょく》があるんですか？
関東内陸《かんとうないりく》工業地域や東海工業地域は、近年シェア（市場占有率《せんゆうりつ》）を拡大《かくだい》しているんだよ。

空から見た関東内陸工業地域

高速道路沿《ぞ》いに発達《はったつ》してきた工業地域なのね。
関東内陸工業地域は、自動車や電気機器《きき》などの組み立て型《がた》工業が中心なんだ。

瀬戸《せと》内《うち》工業地域には、石油化学工業、鉄鋼《てっこう》業、自動車工業、造船業などが発達しているよ。

造船所《ぞうせんじょ》（広島県呉《くれ》市）　（石川島播磨重工業）

プス…
あれっ!?

マメ知識

関東内陸《かんとうないりく》工業地域《ちいき》は埼玉《さいたま》・群馬《ぐんま》・栃木《とちぎ》の3つの県にまたがっており、過密《かみつ》になった京浜《けいひん》工業地帯《ちたい》から移《うつ》ってきた工場や、新しく建設《けんせつ》された工業団地《だんち》に数多くの工場が進出し、形成された。周辺《しゅうへん》を通っている高速道路が整備《せいび》され、輸送《ゆそう》・交通の便《べん》がよくなったことも発展《はってん》の理由である。

参考

造船業《ぞうせんぎょう》…日本の造船業は，1973年の石油危機《きき》後にのびなやんだものの，1956年以降《いこう》長らく世界一の受注量《りょう》をほこっていた。近年は韓国《かんこく》ののびがめざましい。

ワーッ！
あ、先生！
これは！
助かったよ。
東海工業地域は、オートバイや楽器《がっき》作り、パルプ・製《せい》紙《し》工業や食料品《しょくりょうひん》工業がさかんだよ。
北陸《ほくりく》工業地域では、機械工業や化学工業が発達している。ほかにも、伝統《でんとう》的《てき》なせんい工業や洋食器作りなどもさかんだよ。
スゴ～イ
なんでジャグリング？
京浜《けいひん》工業地帯は東京と神奈川《かながわ》にまたがっているけど、京葉工業地域は東京と千葉の臨海《りんかい》部に広がっているのね。
東京
千葉
京浜工業地帯の工場用地が不足《ふそく》してきたので、千葉県の東京湾《わん》の臨海部をうめ立てて発達してきたのが京葉工業地域なんだ。
京葉工業地域では、鉄鋼業や石油化学工業がさかんだよ。
でっけーよー！

マメ知識

茨城県《いばらきけん》南東部の鹿島浦《かしまうら》に面した鹿嶋《かしま》市を中心として、鹿島臨海《りんかい》工業地域《ちいき》が発達《はったつ》している。砂丘《さきゅう》に人工のほりこみ港がつくられ、製鉄《せいてつ》所、石油化学コンビナートなどが建設《けんせつ》された。人工港は、20万トン級の巨大《きょだい》タンカーも接岸《せつがん》できる。また、多くの船が接岸できるようにY字型《がた》となっている。

参考

東海工業地域《ちいき》…浜松《はままつ》市ではオートバイや楽器作り，富士《ふじ》市ではパルプ・製紙《せいし》工業がさかん。そのほかには，静岡《しずおか》市蒲原《かんばら》のアルミニウム作り，焼津《やいづ》市の水産加工《すいさんかこう》業が代表的《てき》。

要点整理と重要事項のまとめ ⑤

1.さまざまな工業

①工業のしごと

●**工業**…**重化学工業**と**軽工業**。

②重化学工業

●**重化学工業**…**鉄鋼《てっこう》業**などの**金属《きんぞく》工業**，**石油化学工業**，自動車工業などの**機械《きかい》工業**。

●**重化学工業の立地条件《じょうけん》**…原料《げんりょう》の輸入《ゆにゅう》に便利《べんり》な，**港のある海沿《ぞ》いの地域《ちいき》**。

③軽工業

●**軽工業**…**食料《しょくりょう》品工業**，**せんい工業**，**よう業**，**パルプ・製紙《せいし》工業**など。

●**軽工業の立地条件**…**原料の産地《さんち》**や輸入に便利な港近くなど，原料の入手に適していること。

④伝統《でんとう》工業

●**伝統工業**…明治《めいじ》時代以前《いぜん》から続《つづ》く**手作業中心の日用品作り**のこと。

●**伝統工業が発達している地域**…**原料の産地**であることが多い。

●**伝統工業のおこり**…冬の農家の副業や**武士《ぶし》の内職**としてはじめられたものが多い。

2.工業がさかんな地域

①工業が発達している地域

●**太平洋ベルト**…**関東《かんとう》地方南部から九州北部**にかけての海沿《ぞ》いに，帯《おび》のように連《つら》なっている工業のさかんな地域。

●**内陸《ないりく》の工業地域**…**高速道路**や**空港**の整備によって発達《はったつ》した。

②各地《かくち》の工業地帯《ちたい》・工業地域

●**古くから発達している工業地帯**…**京浜《けいひん》工業地帯**，**中京工業地帯**，**阪神《はんしん》工業地帯**，**北九州工業地帯（地域）**。

●**各工業地帯の特色《とくしょく》**…中京で**自動車工業**，京浜で**機械工業**や**印刷《いんさつ》工業**，阪神で**金属工業**や**せんい工業**がさかん。

●**北九州工業地帯（地域）の特色**…かつて**鉄鋼業**でさかえたが，現在《げんざい》はIC工場や自動車工場が増《ふ》えている。

●**新しく発達した工業地域**…**京葉工業地域**，**関東《かんとう》内陸工業地域**，**東海工業地域**，**瀬戸内《せとうち》工業地域**など。

●**各工業地域の特色**…関東内陸で**組み立て型工業**，瀬戸内で**石油化学工業**，東海で**パルプ・製紙工業**や**食料品工業**，京葉で**鉄鋼業**や**石油化学工業**がさかん。

●**新しい工業地域が発達した理由**…過密《かみつ》になった工業地帯の周辺《しゅうへん》地域に，新たな工業地域がつくられた。

重要事項の一問一答 5

1 さまざまな工業

（▼答え記入らん）

①工業を大きく2つに分けると，重化学工業ともう1つは何ですか。 ……

②鉄鉱石《てっこう》などの原料から鉄をとかしだし，鋼板《こうはん》などを作る工業は何ですか。 ……

③原油を分解《ぶんかい》して，プラスチックなどの製品《せいひん》を作る工業を何といいますか。 ……

④魚や貝を加工《かこう》してかんづめにしたり，大豆からしょうゆを作ったりする工業は何ですか。 ……

⑤明治時代以前から続く手作業中心の日用品作りを何といいますか。 ……

⑥山形県の天童《てんどう》市で行われている伝統工業でつくられているものは何ですか。 ……

2 工業がさかんな地域

（▼答え記入らん）

①関東地方南部から九州北部にかけて連なる工業のさかんな地域を何といいますか。 ……

②九州地方はICの生産がさかんなことから，何と呼《よ》ばれていますか。 ……

③古くから発達している工業地帯は，京浜，中京，北九州ともう1つはどこですか。 ……

④東京と千葉の臨海《りんかい》部に発達してきた工業地帯・工業地域を何といいますか。 ……

⑤現在《げんざい》，出荷額《がく》が日本一の工業地帯・工業地域はどこですか。 ……

⑥IC工場の多い地域の近くにある交通機関《きかん》は，おもに高速道路ともう1つは何ですか。 ……

⑦1901年に現在の福岡《ふくおか》県北九州市で操業《そうぎょう》を始めた官営《かんえい》の製鉄所《せいてつじょ》を何といいますか。 ……

答え

1 ①軽工業　②鉄鋼業　③石油化学工業　④食料品工業　⑤伝統工業　⑥（天童）将棋駒

2 ①太平洋ベルト　②シリコンアイランド　③阪神工業地帯　④京葉工業地域　⑤中京工業地帯　⑥空港（飛行場）　⑦八幡製鉄所

第3節《せつ》：工業の特色《とくしょく》

1 日本の工業の特色

日本の工場を見ると，工場の数と働《はたら》く人の数は中小工場のしめる割合《わりあい》がきわめて高い。大工場と中小工場の規模《きぼ》のちがいや，生産《せいさん》するもののちがいなどをおさえよう。

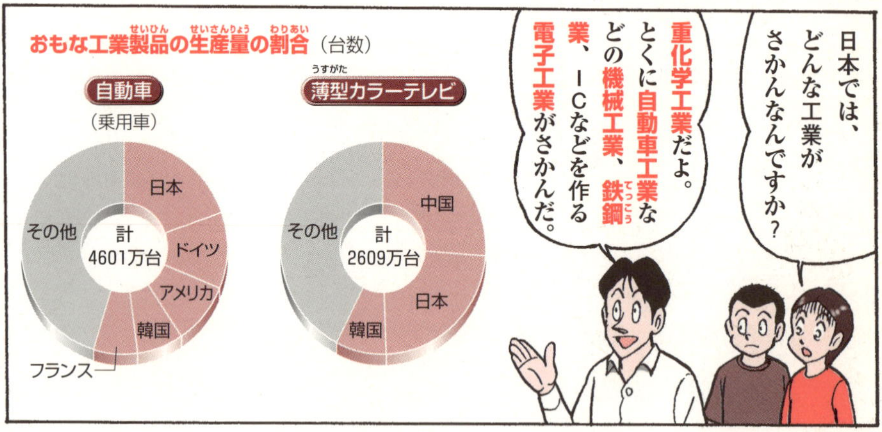

おもな工業製品《せいひん》の生産量《せいさんりょう》の割合《わりあい》（台数）
自動車
（乗用車）
日本
ドイツ
アメリカ
韓国
フランス
その他
計 4601万台
薄型《うすがた》カラーテレビ
中国
日本
韓国
その他
計 2609万台
日本では、どんな工業がさかんなんですか？
重化学工業だよ。とくに自動車工業などの機械工業、鉄鋼《てっこう》業、ICなどを作る電子工業がさかんだ。

工場は、規模によって3種類《しゅるい》に分けられるよ。

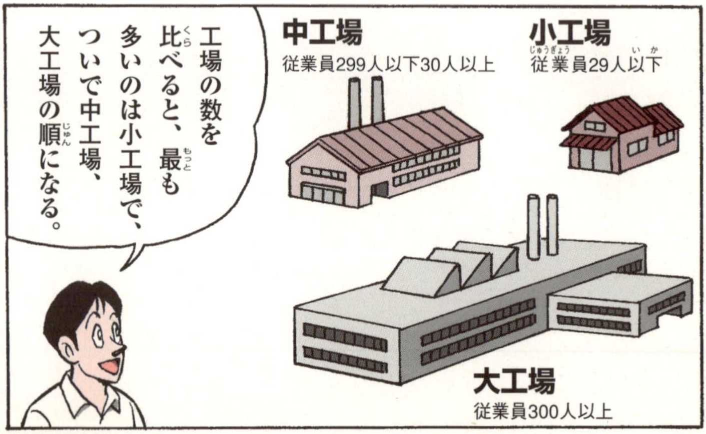

中工場
従業員299人以下30人以上
小工場
従業員《じゅうぎょういん》29人以下《いか》
大工場
従業員300人以上
工場の数を比《くら》べると、最《もっと》も多いのは小工場で、ついで中工場、大工場の順《じゅん》になる。

参考 **中小工場の出荷額《しゅっかがく》**…大工場と中小工場の出荷額の割合《わりあい》（2004年）は，中小工場は51%，大工場が49%である。工場数は99%以上《いじょう》をしめるが，出荷額はほぼ半分である。

マメ知識 日本の工場のほとんどは中小工場である。また、働《はたら》く人の総数《そうすう》も、中小工場で働く人の数が大工場で働く人の数より多い。これは、欧米諸国《おうべいしょこく》とはちがう日本の工業の特色《とくしょく》である。

大工場と中小工場は、どんな関係《かんけい》があるのかしら。
その1
重化学工業の大工場
軽工業の中小工場
たとえば大工場が原材料《げんざいりょう》を作り…
中小工場が加工《かこう》することがある。
その2
機械《きかい》工業の下うけの中小工場
機械工業の大工場
あるいは中小工場が部品を作り…
大工場が組み立てたりする。
大工場と中小工場では、いろいろなちがいがあるんだね。

マメ知識

軽工業では中小工場の出荷額《しゅっかがく》が多く、重化学工業では大工場が出荷額の半分以上《いじょう》をしめる。また、中小工場には、大工場からの注文を受け、大工場で使う部品を作っているところもある。中小工場は、全体の出荷額は少ないが、日本の工業の発展《はってん》を支《ささ》えているといえる。

もっとくわしく

知識集約型《ちしきしゅうやくがた》の小企業《きぎょう》

ベンチャー企業

ベンチャーは英語《えいご》で、冒険《ぼうけん》、冒険的《てき》なくわだて、投機《とうき》などの意味がある。高度な知識や新しい技術《ぎじゅつ》をもとにして、それまでになかった発想《はっそう》の経営《けいえい》を行っている会社のことで、企業の規模《きぼ》は小さい。数人が小さな事務所《じむしょ》で会社をおこし、パソコンなどを使って仕事を始めることが多い。仕事は、たとえば、パソコンソフトの開発やインターネットサイトの運営《うんえい》など。

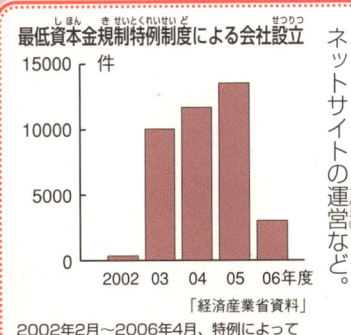

最低資本《しほん》金規制特例制度《きせいとくれいせいど》による会社設立《せつりつ》

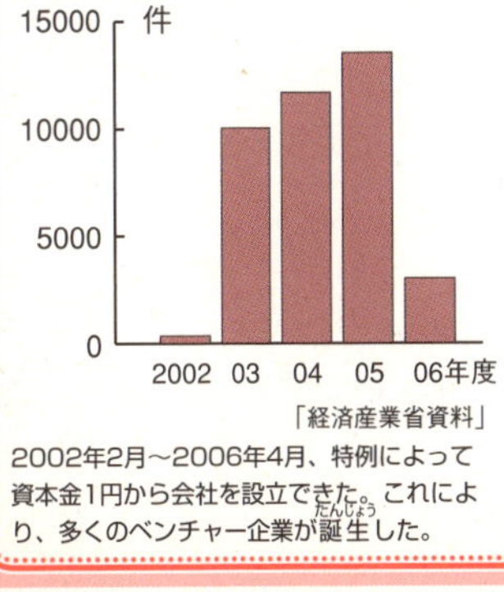
15000
件
10000
5000
0
2002
03
04
05
06年度

「経済産業省資料」

2002年2月～2006年4月、特例によって資本金1円から会社を設立できた。これにより、多くのベンチャー企業が誕生《たんじょう》した。

参考 **中小工場の技術《ぎじゅつ》**…大工場では作れない，専門《せんもん》技術《ぎじゅつ》や熟練《じゅくれん》を必要《ひつよう》とする製品《せいひん》を手作業で作っている中小工場がある。たとえば，チタンの特殊《とくしゅ》なプレスや極小《ごくしょう》のビスなど。

マメ知識

日本は欧米《おうべい》から技術《ぎじゅつ》をとり入れて近代工業をおこした。1872年には群馬《ぐんま》県に富岡製糸場《とみおかせいし》がつくられ、日清戦争《にっしんせんそう》（1894～95年）のころからせんい工業がさかんになった。1901年には八幡《やはた》製鉄所が操業《そうぎょう》を始め、日露《にちろ》戦争（1904～05年）のころから重工業も発達《はったつ》した。

日本では、いつごろから工業が発達《はったつ》したのかしら?
タイムワープを使って、見にいこう。
明治《めいじ》時代になって、紡績《ぼうせき》や製糸《せいし》などの工場がつくられ、せんい工業が著《いちじる》しく発達したんだ。
ここは製糸工場ですね。
また、現在《げんざい》の福岡《ふくおか》県北九州市に官営《かんえい》の八幡製鉄所《やはたせいてつじょ》がつくられて以来《いらい》、重化学工業も発達した。
ところが、日本の重化学工業は、第二次世界大戦《たいせん》でほぼかいめつしたんだ。
しかし戦後《せんご》、日本の工業は技術《ぎじゅつ》の進歩などでめざましい発展《はってん》をとげた。
工業出荷額《しゅっかがく》の割合《わりあい》の変化《へんか》
1935年 計108億円
せんい工業 32.3%
金属《きんぞく》工業 18.4
化学工業 16.8
機械工業 12.6
食料品工業 10.8
その他 9.1
1960年 計15兆5786億円
機械工業 25.8%
金属工業 18.8
食料品工業 12.4
せんい工業 12.3
化学工業 11.8
その他 18.9
2004年 計286兆7780億円
機械工業 46.8%
化学工業 12.1
金属工業 11.9
食料品工業 11.7
せんい工業 1.7
その他 15.8
とくに、機械工業が発達したことがわかるね。

参考

高度経済成長《けいざいせいちょう》…1950年代中ごろから1970年代はじめにかけて，日本の経済《けいざい》が急成長《せいちょう》した。日本の工業は，重化学工業を中心に大きく発展《はってん》し，貿易《ぼうえき》も拡大《かくだい》した。

1950年代中ごろから、日本は高度経済成長期《けいざいせいちょう》に入った。重化学工業は大いに発展したんだ。
1973年、石油危機《きき》がおこった。石油関連《かんれん》の製品《せいひん》がなくなるといううわさが広がってしまった。
石油危機ののち、日本は安定成長《せいちょう》の時代に入り、原料《げんりょう》にたよる工業から機械《きかい》工業などの知識集約型《ちしきしゅうやくがた》の工業に転換《てんかん》していったんだ。
IT産業（情報《じょうほう》技術産業）
精密機器《せいみつきき》の部品となるIC
（NECエレクトロニクス）
高度な知識と進んだ技術《ぎじゅつ》をもとにした産業は、先端技術《せんたんぎじゅつ》（ハイテク）産業と呼《よ》ばれているんだ。

もっとくわしく

工業の方向性《せい》を変《か》えた 石油危機《きき》

産油地域《さんゆちいき》で戦争《せんそう》などがおきると、石油の輸出量《ゆしゅつりょう》が少なくなったり、価格《かかく》が高くなったりすることがある。実際《じっさい》に1973年と1979年の二度にわたり、産油国が石油の輸出を制限《せいげん》したり、大はばな値《ね》上《あ》げを行ったりしたため、世界経《けい》済《ざい》が混乱《こんらん》した。これを石油危機、または石油ショックと呼《よ》んでいる。日本の国内では、ガソリンや灯油《とうゆ》、日用品の不足がおこった。

石油製品や関連製品が不足するといううわさのため、トイレットペーパーなどを買いだめしようと、店につめかけた人々。

参考

安定成長期《せいちょう》における日本の工業…石油危機《きき》をへて，日本の工業は資源《しげん》やエネルギーにたよる石油化学工業や鉄鋼《てっこう》業中心から，高度な技術《ぎじゅつ》を使った工業へ重点が移《うつ》った。

マメ知識

第一次世界大戦《たいせん》（1914～18年）中、日本は武器《ぶき》や日用品をヨーロッパやアジアに大量《たいりょう》に輸出《ゆしゅつ》、好景気《こうけいき》をむかえた。工業出荷額《しゅっかがく》が農業生産額を上回り、日本は農業国から工業国となった。四大工業地帯《ちたい》が形成《けいせい》されたのもこのころである。

第3節《せつ》：工業の特色《とくしょく》

2 日本の工業の今とこれから

世界有数《ゆうすう》の工業国として発展《はってん》した日本だが，一方でさまざまな問題もおこっている。どのような問題点があるか，今後どういうことを求《もと》められているのかを見ていこう。

日本の工業は、今、安定しているんですね。
いや、安心していられない問題も起きているよ。
最近《さいきん》、海外に工場を移《うつ》す日本の企業《きぎょう》が増《ふ》えているんだ。
海外だと、労働《ろうどう》者の賃金《ちんぎん》や材料費《ざいりょうひ》が安いから、その分、製品《せいひん》も安く作ることができるからだ。
そのため、日本国内では、閉鎖《へいさ》される工場が増加《ぞうか》した。国内産業《さんぎょう》のおとろえ（産業の空洞《くうどう》化）が心配されているんだ。

マメ知識

ユニバーサルデザインは、だれもが使いやすいように考えられた設計《せっけい》・デザインのこと。よく似《に》たことばにバリアフリーがあるが、ユニバーサルデザインは最初《さいしょ》から障害《しょうがい》が取《と》り除《のぞ》かれている（特別《とくべつ》な調整《ちょうせい》をしない）のに対し、バリアフリーは、もともとあった障害を取り除くことをいう。

重要用語

産業《さんぎょう》の空洞《くうどう》化…工場の海外進出で国内の製造《せいぞう》業の力がおとろえていくこと。1980年代後半の円高や貿易摩擦《ぼうえきまさつ》で，自動車や電気機器《きき》の海外現地生産《げんちせいさん》がさかんになった。

マメ知識

リサイクル（ごみの再利用《さいりよう》）、リユース（製品《せいひん》の再利用）、リデュース（ごみの削減《さくげん》）の頭文字をとって、「三つのR」と呼《よ》ぶ。法律《ほうりつ》では、ペットボトルやトレイを再利用する容器包装《ようきほうそう》リサイクル法、冷蔵庫《れいぞうこ》などの家電の回収《かいしゅう》・再利用を製造《せいぞう》会社に義務《ぎむ》づけた家電リサイクル法《ほう》が定められている。

これからの工業にとって大事なことって何？
だれもが使いやすい製品の開発も大事なことの一つ。たとえば、ユニバーサルデザインの製品が作られるようになっている。
容器《ようき》にさわっただけで区別できるシャンプーとリンスとか。

だれもが持ちやすいように作られたユニバーサルデザインのペン

（トライポッド・デザイン）

また、地球環境《かんきょう》を考えたリサイクルも大事だ。使われなくなった製品から部品をとりはずして、リサイクルを進めている。
入試に出る！
部品がリサイクルできる使いきりカメラ。
パソコンの部品もリサイクルされているのよ。
ビン
缶
ボトル
ガラスびんやペットボトルなどの資源《しげん》ごみは、必《かなら》ずリサイクルしなければいけないね。

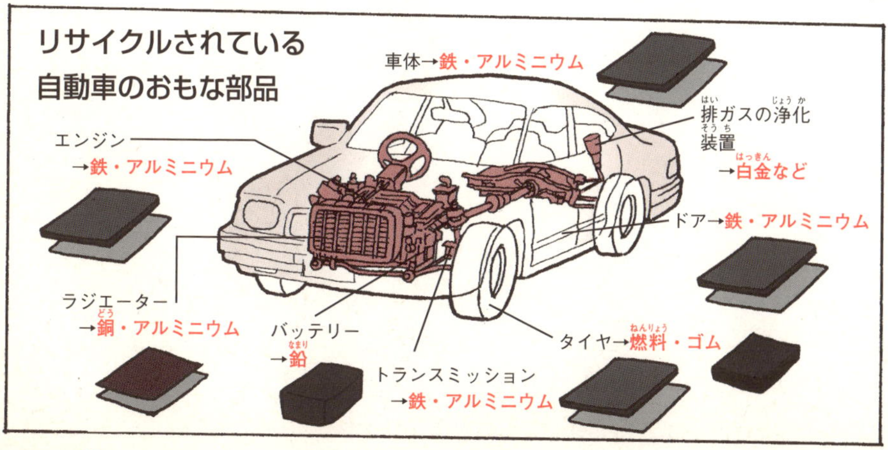

リサイクルされている自動車のおもな部品
車体→鉄・アルミニウム
排《はい》ガスの浄化《じょうか》装置《そうち》→白金《はっきん》など
エンジン→鉄・アルミニウム
ドア→鉄・アルミニウム
ラジエーター→銅《どう》・アルミニウム
バッテリー→鉛《なまり》
トランスミッション→鉄・アルミニウム
タイヤ→燃料《ねんりょう》・ゴム

重要用語

リサイクル…再利用《さいりよう》という意味。ごみとなるものを，もう一度原料《げんりょう》にもどして利用することをいう。設計段階《せっけいだんかい》からリサイクルしやすい製品《せいひん》を作る努力《どりょく》がなされている。

第4節《せつ》：環境《かんきょう》問題とエネルギー資源《しげん》

1 公害《こうがい》の発生，公害との戦《たたか》い

生産《せいさん》活動から排出《はいしゅつ》される有害物質《ゆうがいぶっしつ》などが人体に悪影響《えいきょう》をあたえたり，環境《かんきょう》を破壊《はかい》したりすることを公害《こうがい》と呼《よ》ぶ。公害の発生や公害との戦いを見ておこう。

あのトラック、排《はい》ガスをまきちらして走っているよ。
ちょっと、待ちなさい！
だいじょうぶ？ほんとに困《こま》ったものね。
ああいうのを、公害《こうがい》っていうんですよね。
ちょっとちがうんだ。
排ガスを出す自動車は、1台だけじゃないよね。
たくさんの自動車の排ガスによって、空気がよごれることが公害なんだ。
生産《せいさん》活動などによって、人の健康《けんこう》や生活環境《かんきょう》に悪影響《あくえいきょう》が出る被害《ひがい》が公害なんだよ。
重要

重要用語

大気汚染《おせん》…自動車の排《はい》ガスや工場のけむりなどが空気をよごすこと。現在《げんざい》，けむりや排ガスのなかの有害物質《ゆうがいぶっしつ》やディーゼル車から出る浮遊粒子状物質《ふゆうりゅうしじょうぶっしつ》は減少《げんしょう》している。

マメ知識

明治《めいじ》時代、栃木《とちぎ》県でおきた足尾銅山鉱毒事件《あしおどうざんこうどくじけん》は、日本最初《さいしょ》の本格的《ほんかくてき》な公害《こうがい》といわれている。足尾銅山から流れ出た有害物質が渡良瀬《わたらせ》川や周辺《しゅうへん》の農地を汚染《おせん》し、地域《ちいき》の住民《じゅうみん》に大きな被害《ひがい》をもたらした。当時の衆議院議員《しゅうぎいんぎいん》田中正造《たなかしょうぞう》は、この問題の解決《かいけつ》に努力《どりょく》したことで知られる。

マメ知識

ダイオキシンは「史上最強《しじょうさいきょう》・最悪《さいあく》の毒物《どくぶつ》」と呼《よ》ばれるほど強い毒性《どくせい》がある。塩化《えんか》ビニルやプラスチックを低温《ていおん》で燃《も》やすと、ダイオキシンが発生する。国はダイオキシン規制法《きせいほう》をつくり、工場や焼却場《しょうきゃくじょう》の排出基準《はいしゅつきじゅん》を定めた。低温でごみを燃《も》やす学校の焼却炉《しょうきゃくろ》は使用できなくなった。

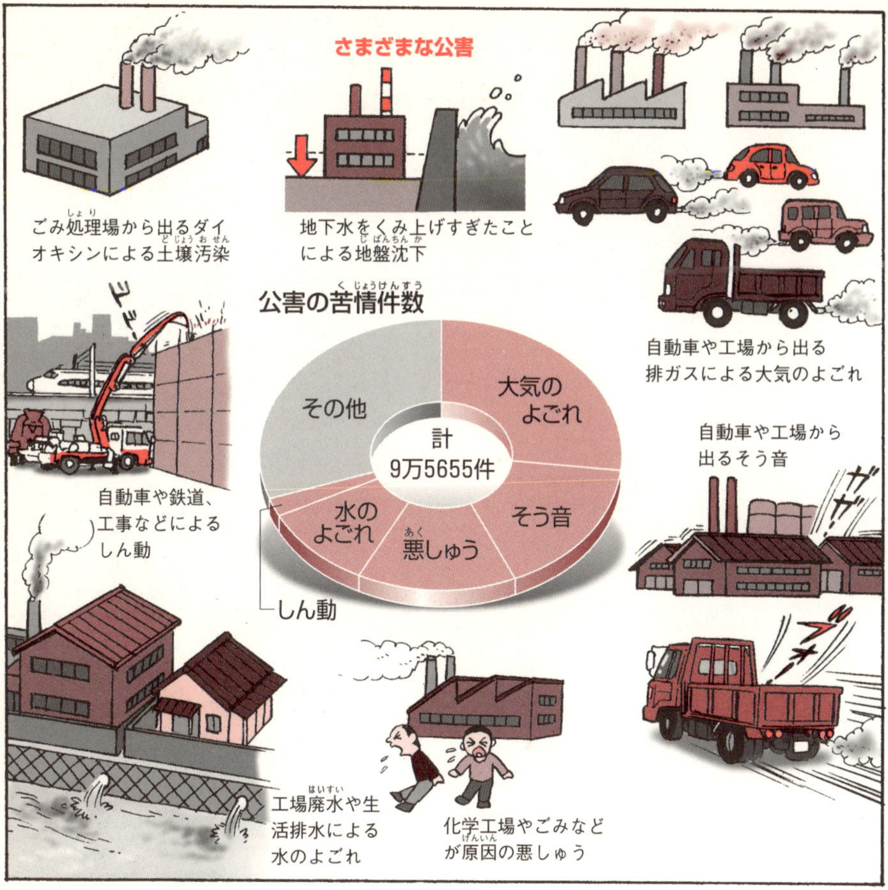
さまざまな公害
ごみ処理《しょり》場から出るダイオキシンによる土壌汚染《どじょうおせん》
地下水をくみ上げすぎたことによる地盤沈下《じばんちんか》
自動車や工場から出る排ガスによる大気のよごれ
公害の苦情件数《くじょうけんすう》
大気のよごれ
そう音
悪《あく》しゅう
水のよごれ
しん動
その他
計 9万5655件
自動車や工場から出るそう音
自動車や鉄道、工事などによるしん動
工場廃水《はいすい》や生活排水による水のよごれ
化学工場やごみなどが原因《げんいん》の悪しゅう

もっとくわしく

地球温暖《おんだん》化をまねく 二《に》酸《さん》化《か》炭《たん》素《そ》排出《はいしゅつ》

二酸化炭素は温室効果《こうか》ガスの1つ。温室効果ガスは地球の熱《ねつ》が宇《う》宙《ちゅう》ににげていくのをおさえるため、気温が上昇《じょうしょう》する。この現象《げんしょう》が地球温暖化である。現在《げんざい》、大気中に増《ぞう》加《か》している二酸化炭素は、重油やガソリンなどの化石燃料《ねんりょう》を燃《も》やすことによって排出《はいしゅつ》されている。そのため、工場や自動車などから出る二酸化炭素の量をいかにおさえるかが世界的《てき》な課題《かだい》となっている。

地球温暖化のしくみ

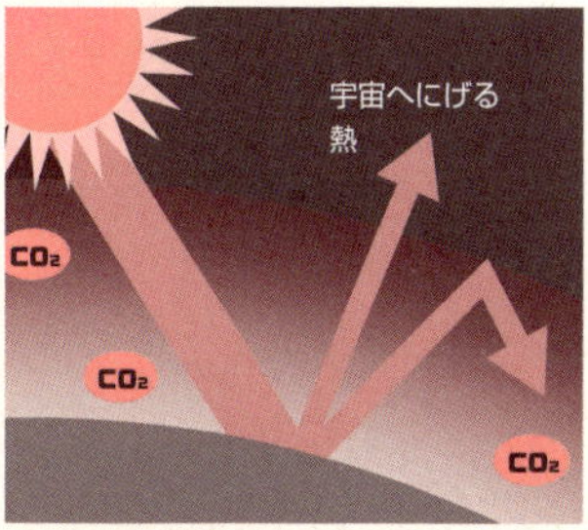
宇宙へにげる熱
CO_2
CO_2
CO_2
大気中の二酸化炭素（CO_2）が、地球から熱がにげていくのをおさえる。

重要用語

水質汚濁《すいしつおだく》…工場廃水《はいすい》や家庭からの排水《はいすい》によって水がよごれること。工場や鉱山《こうざん》から出る有害物質《ゆうがいぶっしつ》はきびしい規制《きせい》によってかなり減少《げんしょう》したが，家庭の下水が問題となっている。

日本は、1950年代中ごろから高度経《けい》済成長《ざいせいちょう》期に入り、世界有数《ゆうすう》の工業国になったんだ。
すごいね。
がんばって働《はたら》かなきゃ。
ところが、産業《さんぎょう》の発展《はってん》にともなって、さまざまな問題も起こってきたんだよ。
工場から出るけむりで空気がよごれたんだ。
工場廃水《はいすい》が川や海をよごしているわ。
でも、国や企業《きぎょう》は、産業の発展を優先《ゆうせん》して、住民《じゅうみん》の健康《けんこう》や環境《かんきょう》をあまり考えなかった。そして、**四大公害《こうがい》病**が発生してしまったんだ。
はじめは公害病とはわからず、原因《げんいん》不明《ふめい》の風土病だと考えられていたんだ。

マメ知識

ある一定の気候《きこう》、風土をもつ地域《ちいき》に発生する病気のことを風土病という。多くは、病気をおこす寄生《きせい》虫の分布《ぶんぷ》や微生物《びせいぶつ》の宿主《しゅくしゅ》となる生物の分布域《いき》だけに発生することから風土病と呼《よ》ばれる。世界的に見るとマラリアや黄熱《おうねつ》、日本ではツツガムシ病や日本住血吸虫《じゅうけつきゅうちゅう》病などがある。

参考

有害物質《ゆうがいぶっしつ》…公害《こうがい》病の原因《げんいん》となったカドミウム，有機《ゆうき》水銀（メチル水銀），亜硫酸《ありゅうさん》ガス（二酸化《にさんか》イオウ）のほか，二酸化窒素《ちっそ》などの窒素酸化物《さんかぶつ》，ダイオキシンなどがある。

イタイイタイ病は、骨《ほね》がもろくなる病気で、はげしい痛《いた》みがはしるんだ。原因《げんいん》は、鉱山《こうざん》から出たカドミウムだった。
四大公害病が起こった場所
イタイイタイ病
神通《じんずう》川下流域
（富山《とやま》県）
新潟水俣《にいがたみなまた》病
阿賀野《あがの》川下流域
（新潟《にいがた》県）
四日市《よっかいち》ぜんそく
四日市市（三重《みえ》県）
水俣病
水俣湾沿岸《わんえんがん》（熊本《くまもと》県，鹿児島《かごしま》県）
水俣《みなまた》病は、化学工場から出た有機《ゆうき》水銀に汚染《おせん》された魚や貝を食べたのが原因。亡《な》くなった人もいるんだ。
手足がしびれる!!
目が…
魚を食べただけなのに。
四日市ぜんそくは、工場から出た亜硫酸《ありゅうさん》ガスで空気がよごれたのが原因。息をするのが苦しくなったりしたんだ。
ゴホッ ゴホッ
やがて、工場などから出た有害物質《ゆうがいぶっしつ》が原因とわかったが、企業は責任《せきにん》を認《みと》めなかったんだ。
裁判《さいばん》の結果《けっか》、裁判所は企業に賠償《ばいしょう》金を支払《しはら》うように命じた。でも、まだ後遺症《こういしょう》になやむ人も多いんだ。
勝訴

マメ知識

1967年に新潟水俣《にいがたみなまた》病の患者《かんじゃ》が工場を相手に裁判《さいばん》をおこしたのに続《つづ》き、同年四日市《よっかいち》ぜんそく、翌年《よくねん》にイタイイタイ病、さらに翌年に水俣病の裁判がおこされた。1971年から1973年にかけて、いずれも患者側《かんじゃがわ》のうったえが認《みと》められた。

重要用語

四大公害《こうがい》病…イタイイタイ病，水俣《みなまた》病，四日市《よっかいち》ぜんそく，新潟《にいがた》水俣病の4つをいう。新潟水俣病は第二水俣病とも呼《よ》ばれ，化学工場から流された有機《ゆうき》水銀が原因《げんいん》だった。

第4節《せつ》：環境《かんきょう》問題とエネルギー資源《しげん》

2 環境問題への取り組み

1960年代，企業《きぎょう》や国は環境や住民《じゅうみん》の健《けん》康《こう》より，工業生産《せいさん》を高めて利益《りえき》をあげることを優先《ゆうせん》した。そのためにさまざまな公害《こうがい》が起こり，次々と対策《たいさく》がとられるようになった。

公害対策《こうがいたいさく》はどうしているんですか？
新しい法律《ほうりつ》や役所がつくられたんだ。
1967年には、公害対策基本法《きほんほう》が制《せい》定《てい》され、公害についての企業《きぎょう》の責任《せきにん》などを定めた。
公害をなくそう！
1993年には、新たに環境《かんきょう》基本法が定められ、公害対策基本法は廃止《はいし》された。
また、1971年には、公害や自然環境《かんきょう》にかかわる問題をあつかう環境庁《ちょう》がつくられた。環境庁は、2001年に環境省《しょう》となっているよ。
重要
環境庁
ディーゼル車の排《はい》ガス規制《きせい》を実《じっ》施《し》した東京都のように、条例《じょうれい》を定めた地方自治《じち》体もある。
こんなによごれるんだ。

マメ知識

1992年、ブラジルのリオデジャネイロで約《やく》170の国・地域《ちいき》の代表が集まって国連環境《こくれんかんきょう》開発会議《かいぎ》（地球サミット）が開かれた。会議では、環境を守りながら、どう開発を進めていくかが議論《ぎろん》された。日本では、会議の成果《せいか》を受けて環境基本法《かんきょうきほんほう》が定められた。

重要用語

環境省《かんきょうしょう》…1971年，公害対策《こうがいたいさく》や環境問題に取り組む役所として環境庁《ちょう》が設置《せっち》された。その後，環境破壊《はかい》が世界的《てき》な問題となったこともあり，2001年に環境省となった。

企業は、法律に基《もと》づいて、工場から出る有害物《ゆうがいぶつ》質《しつ》をおさえる装置《そうち》をつけている。
浄化装置できれいにするんだね。

工場に設置《せっち》された浄化《じょうか》装置。有害な物質が、できるだけ排出《はいしゅつ》されないようにする。
（岩崎電気）

水質《すいしつ》汚濁《おだく》防止《ぼうし》法《ほう》や大気汚染《おせん》防止法などによって、川や海の水、空気はずいぶんきれいになったんだ。
カワセミ!!

しかし、生活排水《はいすい》による水のよごれはまだ深刻《しんこく》だし、環境ホルモンやダイオキシンなど、新たな問題も発生している。
地球にやさしい生活をしましょうね。

マメ知識

体の状態《じょうたい》を正常《せいじょう》に保《たも》つために、体内で作られる物質《ぶっしつ》をホルモンという。近年、このホルモンと似《に》た作用をするといわれる化学物質が多数見つかっている。プラスチックや洗剤《せんざい》などから環境《かんきょう》にとけだして体内に吸収《きゅうしゅう》され、体内ホルモンの働《はたら》きをさまたげるとされ、環境ホルモンと呼《よ》ばれる。

もっとくわしく

地球規模《きぼ》の環境問題

地球温暖《おんだん》化

イギリスで始まった産業革命《さんぎょうかくめい》以来《らい》、人間の産業活動や開発によって大気中の二酸化炭素《にさんかたんそ》は増加《ぞうか》する一方だ。大気中の二酸化炭素の濃度《のうど》が上がったことにより、過去《かこ》100年で、地球の平均《へいきん》気温は0.6～0.7℃上昇《じょうしょう》したといわれる。気温が上昇すると、南極《なんきょく》などの氷がとけて海面が上昇したり、異常《いじょう》気象が起こったりすると考えられている。

地球平均気温の変化

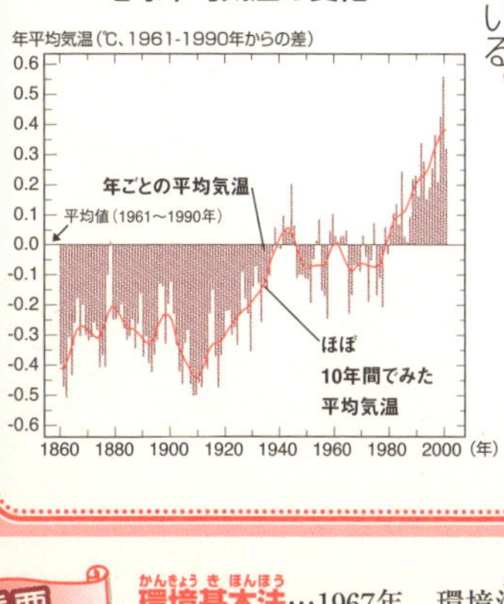
年平均気温（℃、1961-1990年からの差）
0.6
0.5
0.4
0.3
0.2
0.1
0.0
-0.1
-0.2
-0.3
-0.4
-0.5
-0.6
年ごとの平均気温
平均値（1961～1990年）
ほぼ10年間でみた平均気温
1860 1880 1900 1920 1940 1960 1980 2000（年）

重要用語

環境基本法《かんきょうきほんほう》…1967年，環境汚染《おせん》の限度《げんど》を示《しめ》す公害対策基本法《こうがいたいさくきほんほう》がつくられた。この法律《ほうりつ》は1993年に廃止《はいし》され，「地球環境の保全《ほぜん》」を目的《もくてき》とする環境基本法がつくられた。

第4節《せつ》：環境《かんきょう》問題とエネルギー資源《しげん》

3 日本の資源・エネルギー事情《じじょう》

資源のとぼしい国である日本は，資源の大部分を海外からの輸入《ゆにゅう》にたよっているが，世界の資源にも限度《げんど》がある。資源，とくにエネルギー資源の今後の課題《かだい》を見ていこう。

ねー、どこまで飛《と》ぶの？
新潟《にいがた》県をぬけて、日本海に出たよ!!
日本でも原油がとれるんだ。
あれは海底油田だよ。原油をくみ上げるんだ。
ちょうどいいや。燃料《ねんりょう》をもらっていこうよ。
とちゅうで落っこちたら大変《たいへん》だもんね。
原油は、ほとんど海外から輸入《ゆにゅう》しているんですよね。
そうだね。日本では、新潟県や北海道などで少しとれるだけなんだ。
秋田
新潟
（♯）は油田

マメ知識

日本では、1960年ごろまではエネルギーの主力は石炭で、40％以上《いじょう》を石炭でまかなっていた。1960年代に西アジアで油田が次々に発見され、エネルギーの主力が石炭から石油に代わった。石油危機《きき》の後、石油の割合《わりあい》は下がったが、現在《げんざい》も50％ほどを石油にたよっている。

参考 **鉱産《こうさん》資源《しげん》の自給率《じきゅうりつ》**…原油は新潟《にいがた》県や北海道などで産出《さんしゅつ》するが，自給率は0.4％。石炭は，国内産より安価《あんか》で良質《りょうしつ》のものが輸入《ゆにゅう》できるため，自給率は0.6％（2005年）。

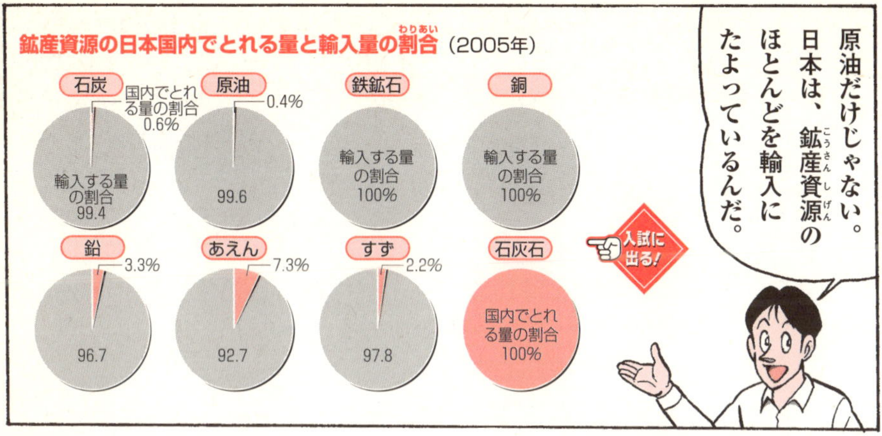
鉱産資源の日本国内でとれる量と輸入量の割合《わりあい》（2005年）
石炭
国内でとれる量の割合 0.6%
輸入する量の割合 99.4
原油
0.4%
99.6
鉄鉱石
輸入する量の割合 100%
銅
輸入する量の割合 100%
鉛
3.3%
96.7
あえん
7.3%
92.7
すず
2.2%
97.8
石灰石
国内でとれる量の割合 100%
原油だけじゃない。日本は、鉱産《こうさん》資源《しげん》のほとんどを輸入にたよっているんだ。
入試に出る!

セメントを作る石灰石《せっかいせき》は、たくさんあるんだけどねぇ。
昔は、金も銀もたくさんとれたんでしょう。でも、ほとんどとりつくしちゃったのね。
おこづかい、みんな使っちゃってどうしよう…
…みたいな。

マメ知識

天然《てんねん》ガスは、インドネシア、マレーシア、オーストラリアなどから輸入《ゆにゅう》。化石燃料《ねんりょう》のなかでは二酸化炭素《にさんかたんそ》の排出量《はいしゅつりょう》が最《もっと》も少なく、産出地域《さんしゅつちいき》が西アジアにかたよっていないので、今後も輸入量の増加《ぞうか》が予想《よそう》される。火力が強く、火力発電の燃料《ねんりょう》や都市ガスなどに利用《りよう》されている。

もっとくわしく

資源《しげん》のある場所

原油・石炭・鉄鉱石《てっこうせき》

原油は、サウジアラビア、イランなどの西アジア地域《ちいき》、アメリカのメキシコ湾岸《わんがん》、ロシア、北海のイギリス沖《おき》で多く産出《さんしゅつ》する。石炭は、中国東北部、アメリカのアパラチア地方、インドなど、鉄鉱石は、中国、ブラジル、オーストラリアなどで多く産出する。

北海油田の採《さい》くつ　（PANA通信社）

参考　**資源《しげん》の輸入先《ゆにゅうさき》**…原油は約《やく》90%を西アジアの国々にたよっている。石炭はオーストラリア，中国，インドネシアなどから輸入しており，輸入量は世界全体の約《やく》4分の1にあたる。

石油がないなら、電気を使えばいいのに。
それはムリでしょ。
じつは、電気をつくるのにも石油が必要《ひつよう》なんだよ。
おもな発電方法《ほうほう》は、水力、火力、原子力の三つだ。
山間のダムにためた水の力を利用《りよう》して発電するのが、水力発電だよ。
でも、大都市からは遠いよ。
ダムをつくるには長い年月がかかる。それにつくれる場所も限《かぎ》られてしまう。
石油や石炭を燃《も》やすことによって発電するのが火力発電なんだ。
海の近くにあるのね。
火力発電は、二酸化炭素《にさんかたんそ》を排出《はいしゅつ》するから、地球温暖《おんだん》化を進めてしまうんだ。
それは困《こま》りますね。

黒部ダム　（関西電力）

石油火力発電所。燃料《ねんりょう》の石油は、タンカーで運ばれる。　（東京電力）

マメ知識

水力発電ではダムにためた水を高い位置《いち》から流し、水で水力タービンと連動《れんどう》した発電機《き》を回して発電する。火力発電では重油、石炭、天然《てんねん》ガスを燃料《ねんりょう》として、原子力発電では核分裂《かくぶんれつ》の熱を利用《りよう》して蒸気《じょうき》を発生させ、蒸気の力で蒸気タービンに連動した発電機を回して発電する。

参考

水力発電の特色…純国産《じゅんこくさん》のクリーンなエネルギー。ダムは消費《しょうひ》地からはなれているので，送電の際《さい》のロスが大きい。ダム建設《けんせつ》は多くの費用《ひよう》がかかり，環境《かんきょう》にも影響《えいきょう》がある。

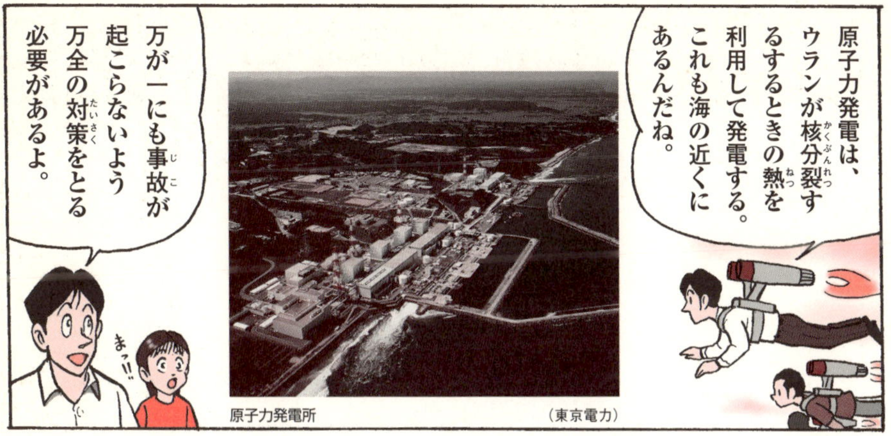

原子力発電は、ウランが核分裂《かくぶんれつ》するときの熱《ねつ》を利用して発電する。これも海の近くにあるんだね。
万が一にも事故《じこ》が起こらないよう万全の対策《たいさく》をとる必要があるよ。
まっ!!

原子力発電所　（東京電力）

マメ知識

原子力発電は、燃料《ねんりょう》のウランを政情《せいじょう》の安定した先進国から輸入《ゆにゅう》できるので、電力を安定して供給《きょうきゅう》できる。また、大気汚染《おせん》もない。しかし、放射《ほうしゃ》能《のう》もれ事故《じこ》が起こる危険性《きけんせい》があり、重大な事故が起こった場合、影響《えいきょう》のおよぶ範囲《はんい》がきわめて広い。放射性廃棄物《ほうしゃせいはいきぶつ》の処理《しょり》も問題である。

日本の発電は水力中心から火力中心へと変わり、近年は原子力の割合《わりあい》も増《ふ》えている。
日本の発電量《りょう》の割合《わりあい》の移《うつ》り変《か》わり
原子力1.3
1970年度　水力22.3%　火力　76.4
1980年度　15.9%　69.8　14.3
1990年度　11.2%　65.2　23.6
2000年度　8.9%　61.6　29.5
2005年度　7.6%　66.1　26.3
※地熱は火力にふくみ，そのほかの新エネルギーは水力にふくむ。
入試に出る!

ウランも海外から輸入《ゆにゅう》されるんだよ。
ウランは売らんて言われたら困っちゃうね。

もっとくわしく

発電にもお国がら 世界各国《かっこく》の発電

発電能力《のうりょく》が大きい発電方式は、水力、火力、原子力の三つであるが、各国の事情《じじょう》によって発電量《りょう》の割合が異《こと》なる。アメリカやロシアなどでは、日本と同様、火力が中心となっている。中国では原子力があまり利用されていないが、反対にフランスでは、とくに原子力のしめる割合が大きい。水資源《しげん》の豊富《ほうふ》なカナダやブラジルでは、水力が大きな割合をしめている。

おもな国の発電量割合

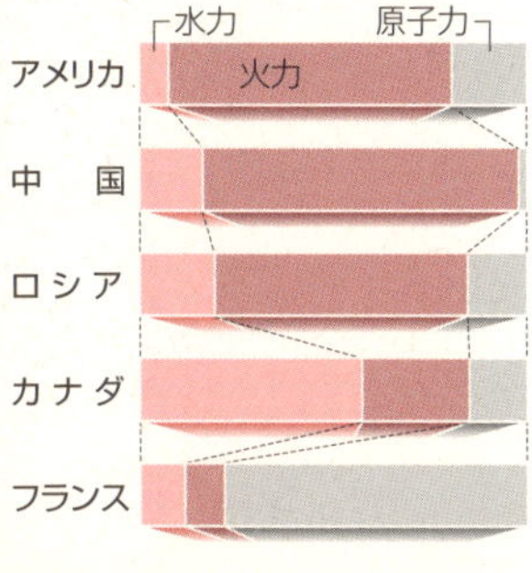

水力
原子力
火力
アメリカ
中　国
ロシア
カナダ
フランス

参考　**火力発電の特色**…大消費《しょうひ》地である工業地域《ちいき》の中につくることができ，送電中のロスが少ない。しかし，大気汚染《おせん》を引きおこし，地球温暖《おんだん》化の原因《げんいん》となる二酸化炭素《にさんかたんそ》を排出《はいしゅつ》する。

第4節《せつ》：環境《かんきょう》問題とエネルギー資源《しげん》

4 これからのエネルギー

環境問題が大きな課題《かだい》となっている今，地球にやさしいエネルギーの研究・開発が進められている。新しいエネルギーの特色《とくしょく》をおさえておこう。

マメ知識

地熱発電は、地下深くから300℃にもおよぶ高温の蒸気《じょうき》と熱水をとり出し、蒸気タービンを回して発電する。地熱は、二酸化炭素《にさんかたんそ》を発生させないクリーンなエネルギーである。地熱発電によって利用《りよう》できるエネルギーは、日本の年間消費《しょうひ》エネルギーの約《やく》12％になるといわれている。

石油や石炭が、もともとは小さな生き物や植物だったなんて……。
大昔の湿原《しつげん》の植物
大昔の海にいたプランクトンの死がい
石炭
石油
天然《てんねん》ガス
大昔のプランクトンの死がいや植物が土にうもれ、長い間に地《ち》圧《あつ》と地熱《ちねつ》の影響《えいきょう》などを受けて石油や石炭に変《か》わったんだ。
だから、石油や石炭を化石燃料《ねんりょう》というんだよ。

重要用語

太陽光発電…太陽電池を使って太陽光エネルギーを電気のエネルギーに変《か》える。夜は発電できないほか，太陽電池パネルを並《なら》べる広い面積《めんせき》が必要《ひつよう》となる。

化石燃料は、限《かぎ》りある資源《しげん》なんだ。
いつかはなくなってしまうんだね。どうしよう……。
また、石油や石炭を燃《も》やすと出る二酸化《にさんか》炭素《たんそ》は、地球温暖《おんだん》化の原因《げんいん》になっている。
CO_2
暑いなぁ。
環境汚染《かんきょうおせん》の少ない自然《しぜん》エネルギーの開発も進められているんだよ。
太陽光や風力などを利用《りよう》するのが、自然エネルギー発電なんだ。
風力発電設備《せつび》（東京電力）
広いなぁ。
太陽光発電設備（東京電力）
風力発電は、風で風車を回して発電しているのね。
ほかにも地熱《ちねつ》発電では、地下の高温の蒸気を利用しているんだよ。
地熱発電所（東京電力）
蒸気《じょうき》が出ているわ。
風も光も地熱もみんなタダですね。
タダって、魅力《みりょく》的！
資源が無限《むげん》で、環境《かんきょう》にもやさしいんだよ。

マメ知識

太陽光発電や風力発電は、二酸化炭素《にさんかたんそ》の排出《はいしゅつ》がないクリーンなエネルギーである。しかし、新しいエネルギーにも問題点がある。発電能力《のうりょく》が小さいことと天候《てんこう》などの自然条件《しぜんじょうけん》に左右されやすいことである。設備費用《せつびひよう》も高いため、能力に見合った利用目的《りようもくてき》と設置《せっち》場所を考える必要《ひつよう》がある。

重要用語

風力発電…風で風車を回し，風車につながった発電機《き》を回して発電する。風の状況《じょうきょう》によって発電は左右されるため，安定して電気を作ることができない。

要点整理と重要事項のまとめ⑥

3.工業の特色

①日本の工業の特色

●**日本でさかんな工業**…重化学工業。とくに自動車工業などの機械工業，鉄鋼《てっこう》業，ICなどを作る電子工業がさかん。

●**日本の工場**…従業員《じゅうぎょういん》300人以上《いじょう》の大工場と，従業員299人以下の中小工場に分けられる。中小工場の数が多い。

●**日本の工業の変化《へんか》**…第二次世界大戦《たいせん》前は軽工業が中心。戦後は重化学工業が発達した。石油危機《きき》ののち，知識集約型の工業に転換《てんかん》。

②日本の工業の今とこれから

●**日本の産業《さんぎょう》の空洞《くうどう》化**…海外に工場を移《うつ》す企業《きぎょう》が増《ふ》えた結果《けっか》，国内では，閉鎖《へいさ》される工場が増加《ぞうか》した。

●**海外に工場を移す理由**…労働《ろうどう》者の賃金《ちんぎん》や材料費《ざいりょうひ》が安く，製品《せいひん》を安く作れるから。

●**ユニバーサルデザイン開発**…だれもが使いやすいデザインの製品を作る。

●**リサイクル**…使われなくなった製品の部品やペットボトルなどの資源ごみを再利用《さいりよう》。

4.環境《かんきょう》問題とエネルギー資源《しげん》

①公害《こうがい》の発生，公害との戦《たたか》い

●**公害**…生産《せいさん》活動によって，人の健康《けんこう》や環境《かんきょう》に悪影響《えいきょう》がでること。

●**さまざまな公害**…大気汚染《おせん》，水質汚濁《おだく》，土壌汚染《どじょうおせん》，そう音，しん動，悪しゅう，地盤沈下《じばんちんか》など。

●**四大公害病**…水俣《みなまた》病，イタイイタイ病，四日市《よっかいち》ぜんそく，新潟《にいがた》水俣病。

②環境問題への取り組み

●**法律《ほうりつ》の制定《せいてい》**…1967年に公害対策基本《こうがいたいさくきほん》法《ほう》，1993年に環境基本法が制定された。

●**環境庁《ちょう》**…1971年に設置《せっち》された。2001年に環境省《しょう》となる。

●**新たな環境問題**…環境ホルモンやダイオキシン。

③日本の資源・エネルギー事情《じじょう》

●**日本のエネルギー・鉱産資源《こうさんしげん》**…原油や石炭など，ほとんどを輸入《ゆにゅう》にたよる。

●**発電の種類《しゅるい》**…おもなものに水力発電，火力発電，原子力発電がある。

④これからのエネルギー

●**自然《しぜん》エネルギーの開発**…太陽光発電，風力発電，地熱《ちねつ》発電などがある。

重要事項の一問一答 6

③ 工業の特色

（▼答え記入らん）

①日本で最《もっと》もさかんな重化学工業は何ですか。 ……

②日本の工場で，従業員《じゅうぎょういん》が300人以上《いじょう》の工場を何といいますか。 ……

③第二次世界大戦《たいせん》後，日本で著《いちじる》しく発達《はったつ》した工業は軽工業ですか，重化学工業ですか。 ……

④だれもが使いやすいように考えられたデザインを何といいますか。 ……

⑤使われなくなった製品《せいひん》を回収《かいしゅう》し，もう一度原料《げんりょう》にもどして再利用《さいりよう》することを何といいますか。 ……

④ 環境《かんきょう》問題とエネルギー資源《しげん》

（▼答え記入らん）

①生産《せいさん》活動によって，人の健康《けんこう》や環境《かんきょう》に悪影響《えいきょう》がでることを何といいますか。 ……

②四大公害《こうがい》病のうち，有機《ゆうき》水銀が原因《げんいん》で熊本《くまもと》県や鹿児島《かごしま》県で発生した公害病は何ですか。 ……

③1993年に制定《せいてい》された，公害などの環境《かんきょう》問題について定められた法律《ほうりつ》は何ですか。 ……

④環境問題や自然保護《しぜんほご》に取り組むため，1971年に設置《せっち》された役所を現在《げんざい》は何といいますか。 ……

⑤日本では，原油や鉄鉱《てっこう》石などのエネルギー・鉱産資源《こうさんしげん》をどのように入手していますか。 ……

⑥現在，日本でおもに行われている発電方法《ほうほう》は，水力発電，火力発電ともう1つは何ですか。 ……

⑦地球温暖《おんだん》化を進めてしまうとして問題になっているのは，どのような発電方法ですか。 ……

⑧発電に利用《りよう》される太陽光，風力，地熱《ちねつ》などの，環境《かんきょう》にやさしいエネルギーを何といいますか。 ……

答え

③ ①機械《きかい》（自動車）工業　②大工場　③重化学工業　④ユニバーサルデザイン　⑤リサイクル

④ ①公害《こうがい》　②水俣《みなまた》病　③環境《かんきょう》基本法《きほんほう》　④環境省《かんきょうしょう》　⑤輸入《ゆにゅう》　⑥原子力発電　⑦火力発電　⑧自然《しぜん》エネルギー（新エネルギー，クリーンエネルギー）

第1節《せつ》：日本の貿易《ぼうえき》

1 日本の貿易の特色《とくしょく》

外国との間で品物の売り買いをすることを，貿易という。日本の貿易にはどんな特色があるだろうか。また，日本の貿易は，どのように移《うつ》り変《か》わってきたのだろうか。

日本は、石油でも鉄《てつ》鉱《こう》石でも、なんでも外国から買っちゃうんだね。すごいや。
う～ん。それでいいのかしら？
ベンケー先生、教えてください。
ヨッシー、おこづかいでたくさん買い物をしたらどうなる。
財布《さいふ》が空っぽ。
国も同じだ。輸入《ゆにゅう》ばかりしていると、お金がなくなっちゃう。輸出《ゆしゅつ》もしなきゃね。
外国から物を輸入したり、外国へ物を輸出したりすることが貿易《ぼうえき》だ。日本の貿易は、明治《めいじ》時代からさかんになったんだ。
1880年代には、製糸《せいし》、織物《おりもの》などのせんい工業が発展《はってん》し、輸出もさかんになっていったんだよ。
ワンダフル！
きれいでしょ。絹《きぬ》です。

重要用語

関税《かんぜい》…輸出入《ゆしゅつにゅう》品にかかる税金《ぜいきん》。現在《げんざい》，日本には輸入品にかかる輸入税のみ。安い輸入品に高い関税をかけると，外国製品《せいひん》が国内で売れにくくなり，同じ製品を作る国内の産業《さんぎょう》を守れる。

マメ知識

1880年代、生糸や絹織物《きぬおりもの》の輸出《ゆしゅつ》によって得《え》た利益《りえき》で綿花《めんか》や紡績機《ぼうせきき》を輸入《ゆにゅう》し、綿糸《めんし》を生産《せいさん》した。日清戦争《にっしんせんそう》前、綿糸は朝鮮《ちょうせん》に輸出された。日清戦争後は台湾《たいわん》、中国（清《しん》）へとさらに市場を広げた。1909年には生糸の輸出量《りょう》が、1933年には綿織物の輸出高が世界第《だい》1位《い》となった。

原材料《げんざいりょう》の綿花《めんか》を輸入して、綿糸《めんし》に加工《かこう》し、中国や朝鮮《ちょうせん》に輸出していた。
原材料を輸入し、日本国内で加工して、製品《せいひん》を輸出する。このような貿易を加工貿易と呼《よ》んでいる。
重要
戦争《せんそう》をはさんで1950年代半ばまでは、こうした軽工業の製品が輸出の中心だった。
せんい品
その後、重化学工業が発達《はったつ》し、その製品である鉄鋼《てっこう》や自動車などが輸出の中心になった。
鉄鋼
自動車
現代《げんだい》の日本は、どのような貿易をしているんですか。
1970年ごろは、鉄鉱石、原油、石炭などの原料、燃料《ねんりょう》を大量《たいりょう》に輸入し、製品に加工して輸出していたんだ。
加工貿易ですね。
自動車
鉄鋼
原油
鉄鉱石
石炭

参考

貿易《ぼうえき》の影響《えいきょう》…明治《めいじ》時代，貿易が活発になると，生糸を生産《せいさん》するための養蚕《ようさん》業はさかんになったが，アメリカやインドなどから安い綿花《めんか》が輸入《ゆにゅう》されたために，綿の栽培《さいばい》はおとろえた。

現在《げんざい》の貿易《ぼうえき》では、以前《いぜん》に比《くら》べ、機械《きかい》類《るい》や、肉・魚などの食料品《しょくりょうひん》の輸入《ゆにゅう》が増《ふ》えているよ。
おいしいー。
天ぷらうどんの材料《ざいりょう》のほとんどが輸入されているんだって。
うどんのつゆだけが国産《こくさん》。
天ぷらうどん
コンピュータ
IC
小麦
とうもろこし
衣類《いるい》
鉄鉱石《てっこうせき》
えび
魚
牛肉
家電製品《せいひん》
衣類《いるい》も、かつてはほとんど国内で作っていたけど、近年は輸入されるものが多くなった。
どうして？
中国など、労働力《ろうどう》の豊富《ほうふ》な国で、安い製品《せいひん》が作られるようになったからなんだ。
メイドインチャイナね。
一方、輸出しているのも機械類が多い。高い技術《ぎじゅつ》を要《よう》するコンピュータやＩＣなどの電子部品、自動車などが輸出の中心なんだ。
コンピュータは輸入も輸出もしているのね。
加工貿易《かこうぼうえき》とはいえないわけだね。
テレビ
IC
コンピュータ
デジタルカメラ
自動車

マメ知識

第二次世界大戦《たいせん》で打げきを受けた日本の工業は、1950年におこった朝鮮戦争《ちょうせんせんそう》の際《さい》、アメリカ軍から物資《ぶっし》の大量《たいりょう》注文を受けて好景気《こうけいき》となり、これをきっかけにめざましい発展《はってん》をとげた。おもにトラックや自動車部品、石炭などが輸出《ゆしゅつ》され、それらはピーク時には輸出総額《そうがく》の約3分の2をしめていた。

重要用語

加工貿易《かこうぼうえき》…鉱産資源《こうさんしげん》にめぐまれない日本は，原料《げんりょう》を輸入《ゆにゅう》し，工業製品《せいひん》に加工して輸出するという典型的《てんけいてき》な加工貿易によって，高度経済成長《けいざいせいちょう》期の経済を発展《はってん》させた。

マメ知識

現在《げんざい》の日本の輸出《ゆしゅつ》品は、全体の約《やく》70%が機械機器類《きかいききるい》である。代表的《てき》なものは自動車、コンピュータ、産業用《さんぎょう》ロボット、コピー機などの製品《せいひん》やICなどの電子部品、自動車部品など。いずれの製品も、日本が石油危機《きき》後、高度な技術《ぎじゅつ》を必要《ひつよう》とする工業中心に変《か》わったことをよく表している。

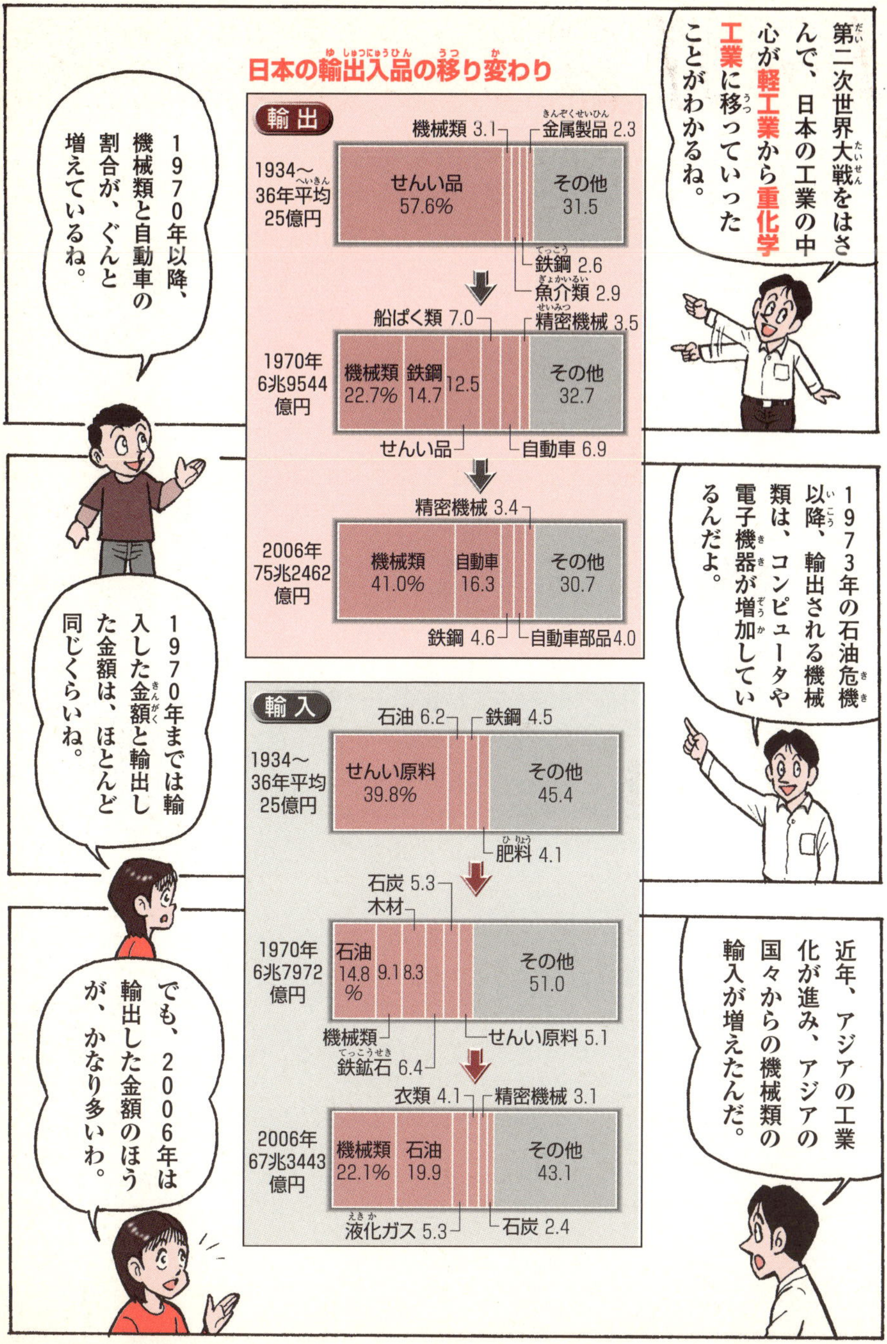
第二次世界大戦《だいにじせかいたいせん》をはさんで、日本の工業の中心が軽工業から重化学工業に移《うつ》っていったことがわかるね。
1970年以降、機械類と自動車の割合が、ぐんと増えているね。
日本の輸出入品《ゆしゅつにゅうひん》の移《うつ》り変《か》わり
輸出
1934～36年平均《へいきん》 25億円
せんい品 57.6%
機械類 3.1
金属製品《きんぞくせいひん》 2.3
鉄鋼《てっこう》 2.6
魚介類《ぎょかいるい》 2.9
その他 31.5
1970年 6兆9544億円
機械類 22.7%
鉄鋼 14.7
せんい品 12.5
船ぱく類 7.0
自動車 6.9
精密機械《せいみつきかい》 3.5
その他 32.7
2006年 75兆2462億円
機械類 41.0%
自動車 16.3
鉄鋼 4.6
自動車部品 4.0
精密機械 3.4
その他 30.7
1973年の石油危機《きき》以降《いこう》、輸出される機械類は、コンピュータや電子機器《きき》が増加《ぞうか》しているんだよ。
1970年までは輸入した金額《きんがく》と輸出した金額は、ほとんど同じくらいね。
輸入
1934～36年平均 25億円
せんい原料 39.8%
石油 6.2
鉄鋼 4.5
肥料《ひりょう》 4.1
その他 45.4
1970年 6兆7972億円
石油 14.8%
木材 9.1
機械類 8.3
鉄鉱石《てっこうせき》 6.4
石炭 5.3
せんい原料 5.1
その他 51.0
2006年 67兆3443億円
機械類 22.1%
石油 19.9
液化《えきか》ガス 5.3
衣類 4.1
精密機械 3.1
石炭 2.4
その他 43.1
近年、アジアの工業化が進み、アジアの国々からの機械類の輸入が増えたんだ。
でも、2006年は輸出した金額のほうが、かなり多いわ。

重要用語

製品輸入《せいひんゆにゅう》…近年，韓国《かんこく》や中国，東南アジアの国々が工業化を進め，品質《ひんしつ》のよい製品を作るようになると，国内で作るよりも割安《わりやす》なことから製品輸入の割合《わりあい》が増加《ぞうか》した。

第1節《せつ》：日本の貿易《ぼうえき》

2 日本の貿易のおもな相手国

近年の日本の貿易には変化《へんか》が見られる。貿易額《がく》の多い相手国はどこだろう。また，相手国によって，輸出《ゆしゅつ》する物，輸入《ゆにゅう》する物はどうちがうのだろうか。

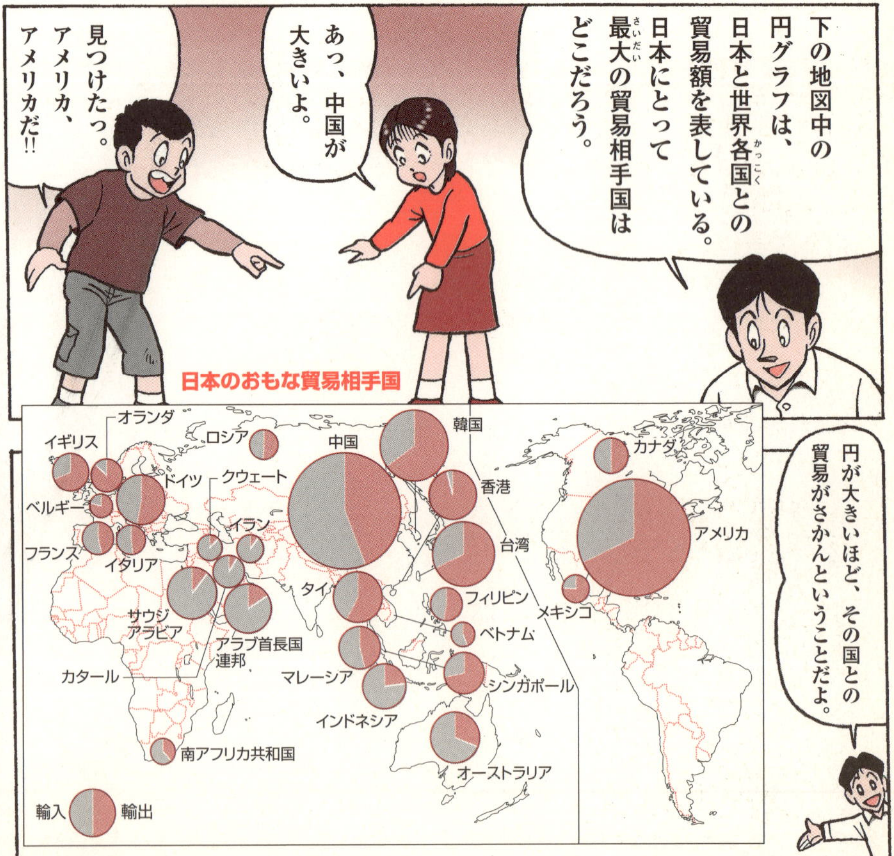
下の地図中の円グラフは、日本と世界各国《かっこく》との貿易額を表している。日本にとって最大《さいだい》の貿易相手国はどこだろう。
あっ、中国が大きいよ。
見つけたっ。アメリカ、アメリカだ!!
日本のおもな貿易相手国
イギリス
オランダ
ロシア
中国
韓国
カナダ
ドイツ
クウェート
ベルギー
香港
イラン
フランス
イタリア
台湾
アメリカ
タイ
フィリピン
メキシコ
サウジアラビア
ベトナム
アラブ首長国連邦
カタール
マレーシア
シンガポール
インドネシア
南アフリカ共和国
オーストラリア
輸入
輸出
円が大きいほど、その国との貿易がさかんということだよ。

マメ知識

世界の貿易《ぼうえき》は、それぞれの国が資源《しげん》や技術《ぎじゅつ》を生かし、得意《とくい》なものを中心に生産《せいさん》して輸出《ゆしゅつ》する国際《こくさい》分業が進んでいる。しかし、資源や技術にめぐまれている国とめぐまれていない国があり、国家間で差《さ》が生じている。

参考

世界最大《さいだい》の工業国…アメリカでは，五大湖沿岸《えんがん》で鉄鋼《てっこう》業や自動車工業が発達《はったつ》。近年は，サンベルトと呼《よ》ばれる南の地域《ちいき》で宇宙産業《うちゅうさんぎょう》や電子工業などが発達《はったつ》している。

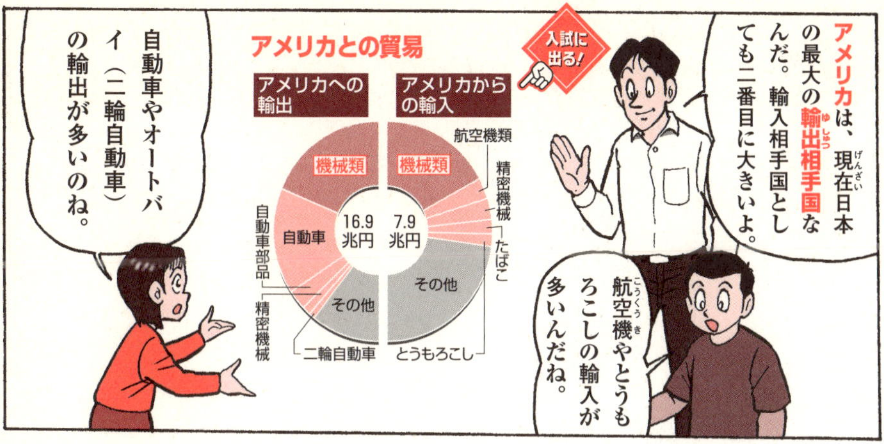
アメリカは、現在《げんざい》日本の最大の輸出《ゆしゅつ》相手国なんだ。輸入相手国としても二番目に大きいよ。
入試に出る！
アメリカとの貿易
アメリカからの輸入
7.9兆円
機械類
航空機類
精密機械
たばこ
その他
とうもろこし
アメリカへの輸出
16.9兆円
機械類
自動車
自動車部品
精密機械
二輪自動車
その他
航空機《こうくうき》やとうもろこしの輸入が多いんだね。
自動車やオートバイ（二輪自動車）の輸出が多いのね。

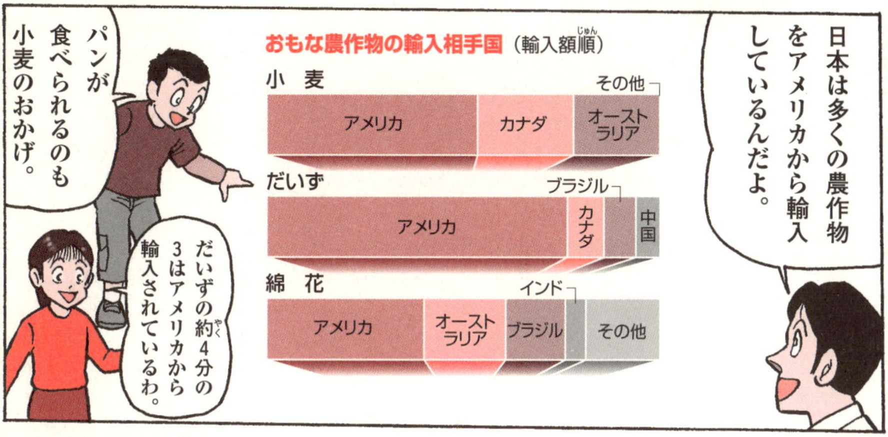
日本は多くの農作物をアメリカから輸入しているんだよ。
おもな農作物の輸入相手国（輸入額順《じゅん》）
小麦
アメリカ
カナダ
オーストラリア
その他
だいず
アメリカ
カナダ
ブラジル
中国
綿花
アメリカ
オーストラリア
ブラジル
インド
その他
パンが食べられるのも小麦のおかげ。
だいずの約《やく》4分の3はアメリカから輸入されているわ。

マメ知識

日本の食料自給率《しょくりょうじきゅうりつ》は約40%。世界一の食料輸入《ゆにゅう》国である。理由として、第二次世界大戦《たいせん》後の洋食化で小麦の消費量《しょうひりょう》が増《ふ》えたこと、円高で外国の食料を輸入したほうが安いこと、貿易《ぼうえき》黒字を減《へ》らすために農作物の輸入自由化を行ったことなどがあげられる。

もっとくわしく

食料《しょくりょう》輸入《ゆにゅう》と安全性《せい》

残留農薬《ざんりゅうのうやく》とBSE

2002年、中国から輸入された冷《れい》とうほうれんそうに、日本の基準値《きじゅんち》以上《いじょう》の農薬が残《のこ》っていることがわかった。その後も、中国産の野菜からは、たびたび残留農薬が発見されている。2003年には、アメリカでBSEに感染《かんせん》した牛が確認《かくにん》された。BSEは、いまだに治療法《ちりょうほう》がない。日本はアメリカ産牛肉の輸入を禁止《きんし》したが、その後アメリカからの要請《ようせい》で段階的《だんかいてき》に解禁《かいきん》した。

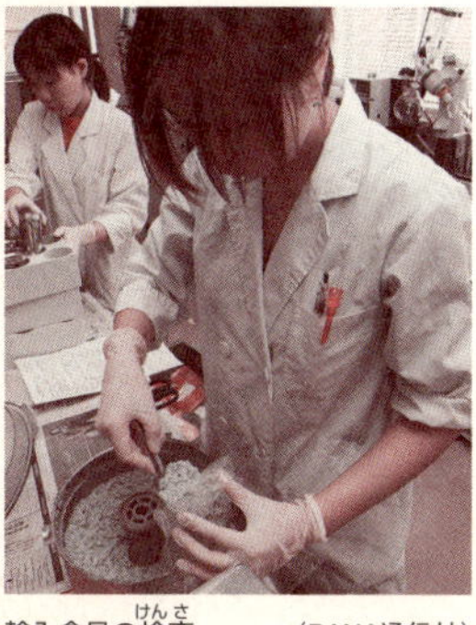
輸入食品の検査《けんさ》　（PANA通信社）

参考

世界の食料庫《しょくりょう》…アメリカでは，小麦やとうもろこし，だいずなど多くの農産物《のうさんぶつ》が大量《たいりょう》生産《せいさん》されており，世界の食料庫（基地《きち》）と呼《よ》ばれている。食料品の輸出量《ゆしゅつりょう》は世界一。

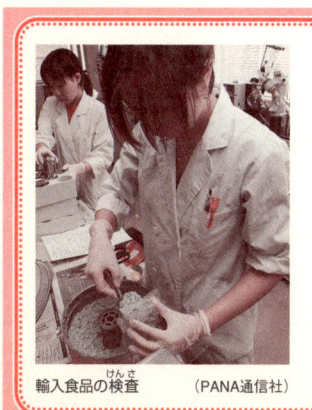

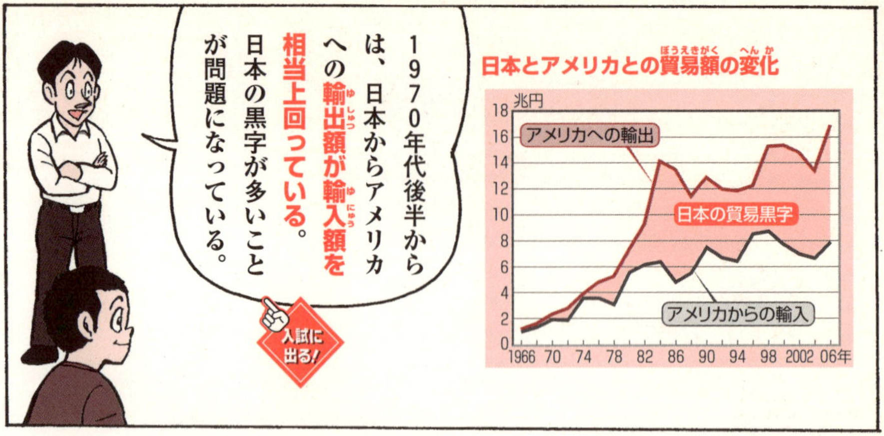
1970年代後半からは、日本からアメリカへの輸出《ゆしゅつ》額が輸入《ゆにゅう》額を相当上回っている。日本の黒字が多いことが問題になっている。
入試に出る!
日本とアメリカとの貿易額《ぼうえきがく》の変化《へんか》
兆円
18
16
14
12
10
8
6
4
2
0
1966 70 74 78 82 86 90 94 98 2002 06年
アメリカへの輸出
日本の貿易黒字
アメリカからの輸入

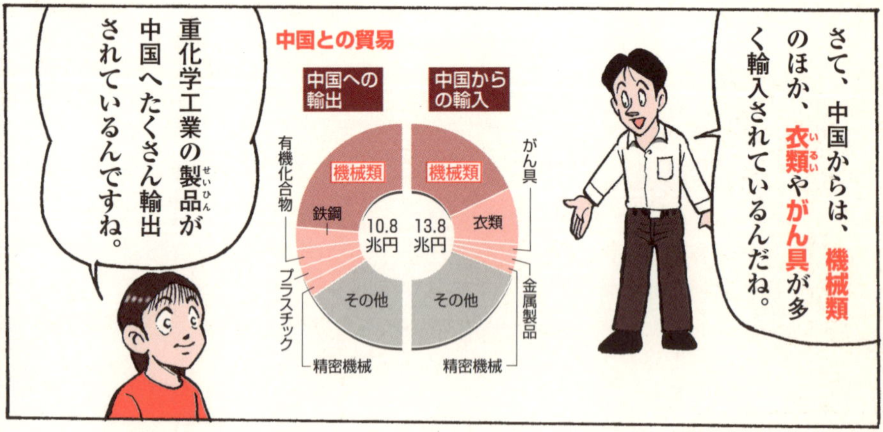
さて、中国からは、機械類のほか、衣類《いるい》やがん具が多く輸入されているんだね。
中国との貿易
中国への輸出
中国からの輸入
機械類
鉄鋼
有機化合物
プラスチック
精密機械
その他
10.8兆円
機械類
衣類
がん具
金属製品
精密機械
その他
13.8兆円
重化学工業の製品《せいひん》が中国へたくさん輸出されているんですね。

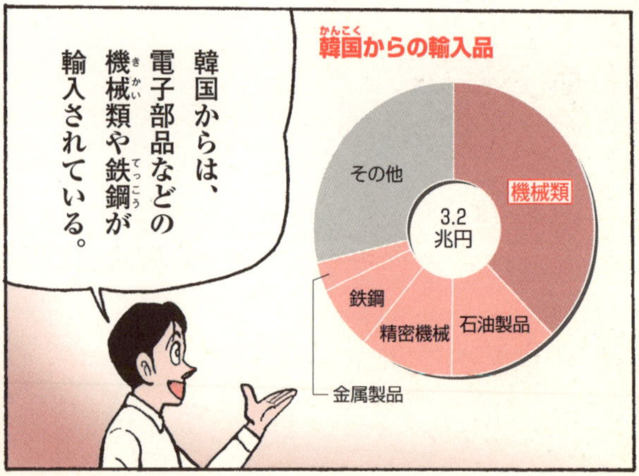
韓国《かんこく》からの輸入品
その他
機械類
3.2兆円
石油製品
精密機械
鉄鋼
金属製品
韓国からは、電子部品などの機械《きかい》類や鉄鋼《てっこう》が輸入されている。

韓国から輸入されたキムチや韓国のりは日本でもたくさん食べられているのよ。
ワカちゃんて、グルメなんだ。
ぼくも…

マメ知識

中国の産業《さんぎょう》は、1970年代までは人民公社《じんみんこうしゃ》（1982年に廃止《はいし》）のもとで行われていた。そのため人々に貧富《ひんぷ》の差《さ》はほとんどなかったが、生産《せいさん》意欲《いよく》が低《ひく》く、生産はのびなかった。1970年代末から生産責任制《せいさんせきにんせい》や工場請負制度《うけおいせいど》が導入《どうにゅう》され、生産性《せい》が向上した。

参考

ルックイースト政策《せいさく》…マレーシアは，1980年代から「look east《ルック イースト》（東を見よ）」，つまり日本や韓国《かんこく》の経済発展《けいざいはってん》を手本にしようという政策をとり，工業製品《せいひん》の輸出《ゆしゅつ》国となった。

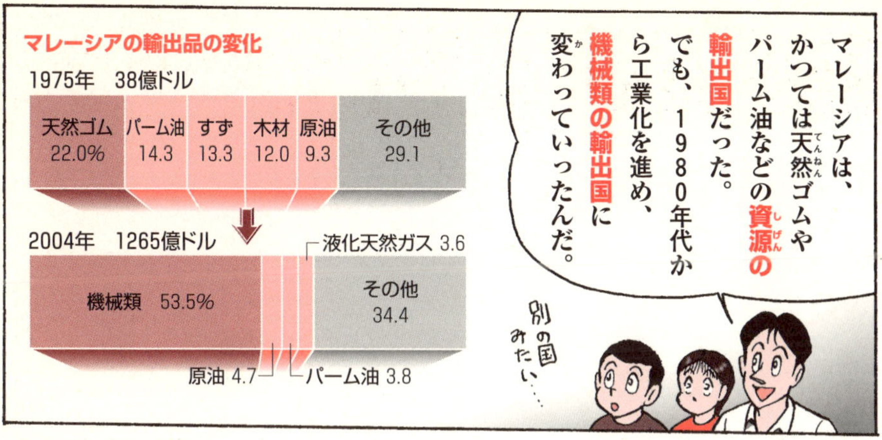
マレーシアは、かつては天然《てんねん》ゴムやパーム油などの資源《しげん》の輸出国だった。でも、1980年代から工業化を進め、機械類の輸出国に変《か》わっていったんだ。
別の国みたい・・・
マレーシアの輸出品の変化
1975年　38億ドル
天然ゴム 22.0%
パーム油 14.3
すず 13.3
木材 12.0
原油 9.3
その他 29.1
2004年　1265億ドル
機械類 53.5%
液化天然ガス 3.6
その他 34.4
原油 4.7
パーム油 3.8

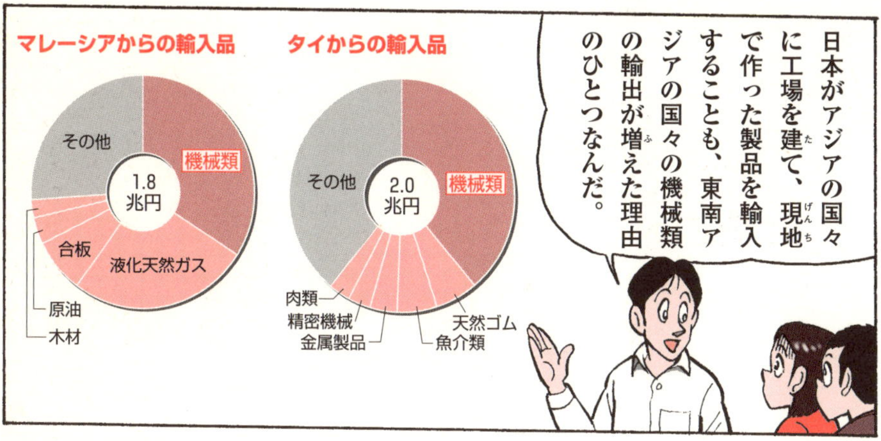
日本がアジアの国々に工場を建《た》て、現地《げんち》で作った製品を輸入することも、東南アジアの国々の機械類の輸出が増《ふ》えた理由のひとつなんだ。
マレーシアからの輸入品
1.8兆円
機械類
液化天然ガス
合板
原油
木材
その他
タイからの輸入品
2.0兆円
機械類
天然ゴム
魚介類
金属製品
精密機械
肉類
その他

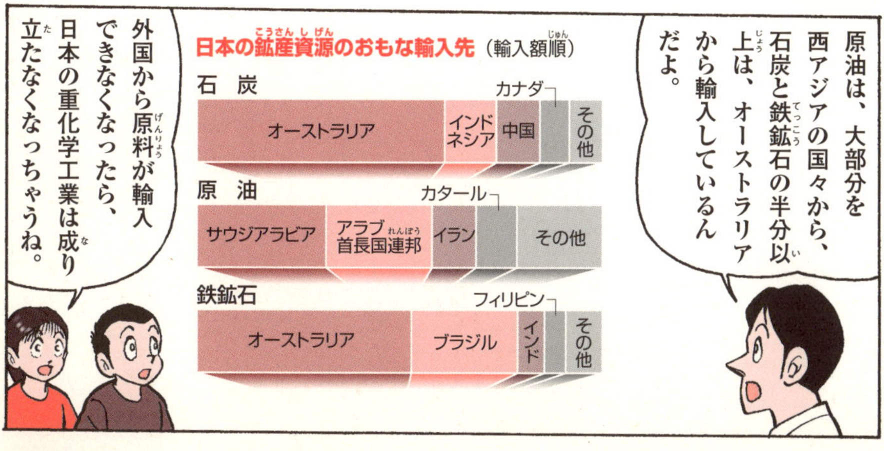
原油は、大部分を西アジアの国々から、石炭と鉄鉱石《てっこうせき》の半分以上《いじょう》は、オーストラリアから輸入しているんだよ。
日本の鉱産資源《こうさんしげん》のおもな輸入先（輸入額順《じゅん》）
石炭
オーストラリア
インドネシア
中国
カナダ
その他
原油
サウジアラビア
アラブ首長国連邦《れんぽう》
イラン
カタール
その他
鉄鉱石
オーストラリア
ブラジル
インド
フィリピン
その他
外国から原料《げんりょう》が輸入できなくなったら、日本の重化学工業は成《な》り立《た》たなくなっちゃうね。

マメ知識

近年、海外に工場を移《うつ》し、生産《せいさん》された製品《せいひん》を輸入《ゆにゅう》する日本の企業《きぎょう》が増《ふ》えている。中国や東南アジアの国々など、土地代や材料費《ざいりょうひ》、労働者《ろうどうしゃ》の賃金《ちんぎん》が安い国に工場をつくることで生産にかかる費用を減《へ》らすと、日本国内で作るよりも安い製品を生産できるからである。

参考

オーストラリアの輸出《ゆしゅつ》品…オーストラリアは，石炭，鉄鉱《てっこう》石，ボーキサイトなどの鉱《こう》産資源《さんしげん》にめぐまれており，世界各国《かっこく》に輸出している。日本は最大《さいだい》の貿易《ぼうえき》相手国。

第1節《せつ》：日本の貿易《ぼうえき》

3 日本の貿易の問題点

日本は貿易による黒字が大きい国で，それが原因《げんいん》で外国との間に問題が起きることがある。また，円高や円安によって，貿易に大きな影響《えいきょう》が現《あらわ》れることがある。

EURO
$

日本は、輸入額《ゆにゅうがく》より輸出額が多いってことは、日本がもうかっているってことですか？
日本はお金持ち!!
そうだね。貿易黒字《ぼうえきくろじ》って呼《よ》ばれているよ。
重要
しかし、貿易赤字の国は、国内の産業《さんぎょう》がふるわなくなってしまうから、黒字の国に輸出の制限《せいげん》や輸入の拡大《かくだい》を求《もと》めたりする。これが貿易摩擦《まさつ》という問題だ。
重要
ごめんね
ポリポリ…
もっと買ってくださーい。
円高、円安って、よく聞くけど何ですか？
日本のお金と外国のお金との価値《かち》の変化《へんか》のことだ。
アメリカとの取り引きで使うドルは、昔は1ドル＝360円と決まっていた。
アメリカで1ドルの値段《ねだん》で売っているこの本を、日本の円で買うなら、360円です。
ABC

マメ知識

1980年代、日本の自動車輸出《ゆしゅつ》が増《ふ》えた結果《けっか》、貿易《ぼうえき》のバランスがくずれ、貿易摩擦《まさつ》がおこった。輸出先の国の自動車工業がふるわなくなるなどの問題が生じたため、日本は輸出を制限《せいげん》した。さらに、輸出先の国に工場をつくり、現地《げんち》の人々が働《はたら》く場をつくるなどして問題の解消《かいしょう》をはかった。

参考

貿易《ぼうえき》摩擦《まさつ》の解消策《かいしょうさく》…輸出《ゆしゅつ》の自主規制《きせい》や海外現地生産《げんちせいさん》のほか，外国の企業《きぎょう》に対する規制《きせい》をなくす規制緩和《かんわ》，国内の消費《しょうひ》を高めて輸入《ゆにゅう》品が売れるようにする内需拡大《ないじゅかくだい》がある。

ところが、その後、そのときのお金の価値《かち》にあわせて上げたり、下げたりすることになった。これを変動相場制《へんどうそうばせい》というんだ。
1ドルが110円になった。
昨日は120円だった。
毎日変わるものさ。
この本は、日本の円で買うと110円になりました。
安くなった。円の価値が上がったんだね。
ABC
円高になって、1ドルが110円から105円になると…。
輸入業者は、1ドルにつき5円安く買えるゾ。
輸出業者は、1ドルにつき5円利益《りえき》が減《へ》った！
円安になって、1ドルが110円から115円になると…。
輸出は5円多くもうかった。
輸入は5円よけいにはらうのか。
このように、円高、円安は、貿易に大きな影響《えいきょう》をあたえる。
先生、貿易の自由化ってなんですか？
輸入品にかかる税金《ぜいきん》（関税《かんぜい》）などの輸入制限をなくすことだよ。
日本では、アメリカなどの要求《ようきゅう》で、1991年に牛肉とオレンジ、1999年に米の輸入が自由化された。
安い!!
100円
アメリカ産《さん》
でも、安い品物が入ってくると、国内の品物が売れないという問題もあるんだ。
オイッ！

マメ知識

輸入制限《ゆにゅうせいげん》をなくし、外国と自由に貿易《ぼうえき》を行うことを輸入の自由化という。日本は、農家を守るために農作物の輸入を制限してきたが、アメリカは輸入の自由化を要求《ようきゅう》した。牛肉とオレンジの輸入が自由化されると、畜産《ちくさん》農家とみかん農家は経営《けいえい》が悪化し、生産額《せいさんがく》や生産量《りょう》が減った。

参考

為替相場《かわせそうば》…各国《かっこく》の通貨同士《つうかどうし》の交換比率《こうかんひりつ》のことを外国為替相場（為替レート）という。外国為替の取り引きは銀行や証券《しょうけん》会社が行い，さまざまな要因《よういん》で相場が変動《へんどう》する。

第2節《せつ》：日本の運輸《うんゆ》と情報通信《じょうほうつうしん》

1 さまざまな輸送手段《ゆそうしゅだん》

輸送には，人を運ぶ旅客輸送と，品物を運ぶ貨物《かもつ》輸送とがある。人や品物を運ぶ輸送は，産業《さんぎょう》の発展《はってん》を支《ささ》えている。輸送手段には，どんな種類《しゅるい》があるのだろうか。

いろんな品物は、どうやって運ばれるの？
品物によってちがうんだよ。
空から見ようよ！
よし、七つ道具だ。
COLD EXPRESS
魚や肉が、新せんなまま運ばれるよ。

冷とうしたまま魚を運ぶ保冷《ほれい》トラック（ニチレイロジグループ本社）

自動車が、自動車を運んでる！
真夜中だね。
宅配便《たくはいびん》のトラックね。

自動車を運ぶキャリアカー（トヨタ自動車）

マメ知識

輸送手段ごとに、輸送した貨物の重量《じゅうりょう》（重さ）を合計すると、全体の90％以上《いじょう》がトラックによる輸送《ゆそう》となる。トラック輸送の利点《りてん》は、輸送時間が短くてすむうえ、戸口から戸口へと荷物《にもつ》を運ぶことができ、積《つ》みかえの必要《ひつよう》がないことである。

参考　**専用《せんよう》車の分化**…生鮮食料品《せいせんしょくりょうひん》を運ぶ保冷《ほれい》トラックや冷とうトラックが増《ふ》えているほか，自動車や鉄道車両を運ぶトレーラーもある。

マメ知識

航空輸送《こうくうゆそう》は輸送費《ひ》が割高《わりだか》だが、輸送手段《しゅだん》のなかで最《もっと》も早く運べるという長所がある。貿易品《ぼうえき》の大部分は船で運ばれるが、最近《さいきん》は高価《こうか》な電子部品や機械類《きかいるい》、生鮮《せいせん》まぐろなどの輸出入に航空機が多く使われている。国内輸送でも、魚や野菜《やさい》が運ばれるほか、航空宅配便《たくはいびん》の利用《りよう》が広がっている。

自動車は戸口から戸口へ、目的地《もくてき》まで積《つ》みかえをしないで運べるから便利《べんり》なんだね。
鉄道は駅から駅までで、運べる場所が限《かぎ》られるもんね。
時間は正確《せいかく》なんだけど…。
青函《せいかん》トンネルを通りぬける貨物列車《かもつれっしゃ》

自動車を運んでるよ。
輸出されるのね。
船は大量《たいりょう》輸送に向いているよ。時間はかかるけどね。
輸出《ゆしゅつ》される自動車を運ぶ船　（トヨタ自動車）

大量《たいりょう》のコンテナを運ぶ船　（PANA通信社）

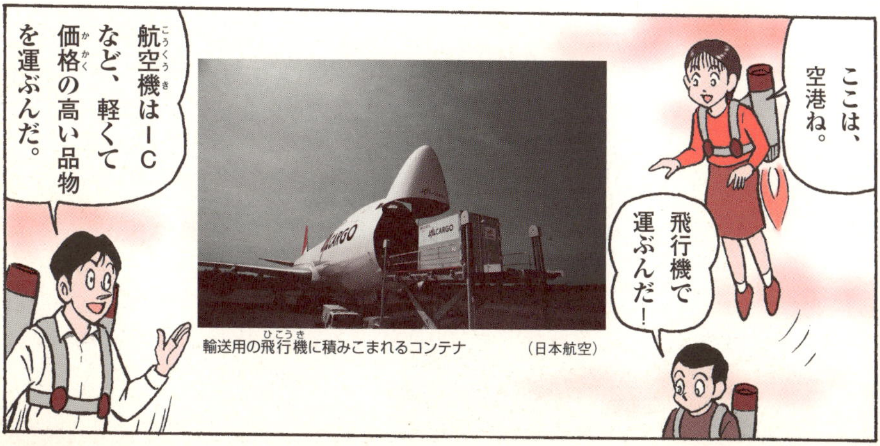
ここは、空港ね。
飛行機で運ぶんだ！
航空機《こうくうき》はＩＣなど、軽くて価格《かかく》の高い品物を運ぶんだ。
輸送用の飛行機《ひこうき》に積みこまれるコンテナ　（日本航空）

参考

海運…重くかさばる貨物《かもつ》を，安く大量《たいりょう》に運べるのが船である。貨物の積《つ》みおろしが簡《かん》単《たん》なコンテナ船が多く使われる。原油や天然《てんねん》ガス，鉄鉱石《てっこう》，自動車専用《せんよう》の船もある。

第2節《せつ》：日本の運輸《うんゆ》と情報通信《じょうほうつうしん》

2 輸送手段《ゆそうしゅだん》の移《うつ》り変《か》わり

かつては，人の輸送は鉄道が，貨物《かもつ》の輸送は船が中心だった。現在《げんざい》は，どちらの輸送も自動車が中心となり，航空《こうくう》輸送も増《ふ》えている。輸送手段はどう変《か》わってきたのだろうか。

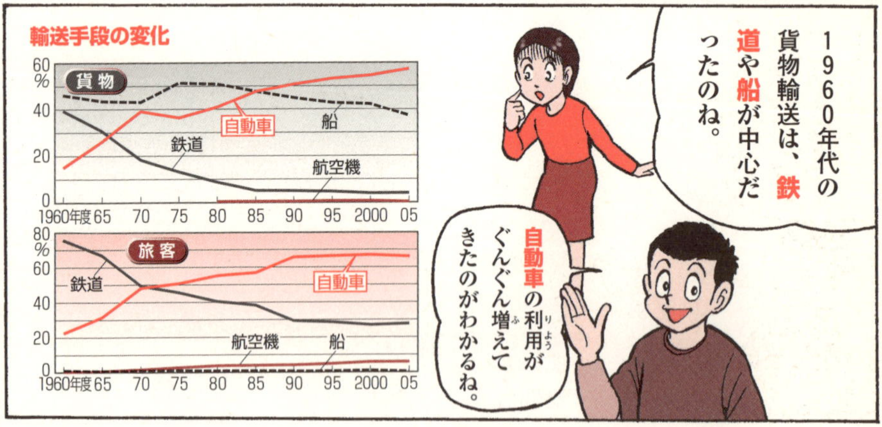
輸送手段の変化
貨物
60 %
40
20
0
1960年度 65 70 75 80 85 90 95 2000 05
自動車
船
鉄道
航空機
旅客
80 %
60
40
20
0
1960年度 65 70 75 80 85 90 95 2000 05
鉄道
自動車
航空機
船
1960年代の貨物輸送は、鉄道や船が中心だったのね。
自動車の利用《りよう》がぐんぐん増《ふ》えてきたのがわかるね。

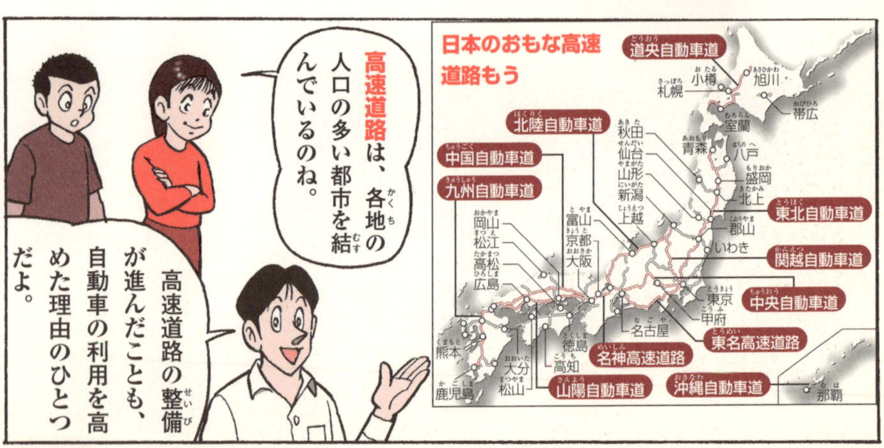
日本のおもな高速道路もう
道央《どうおう》自動車道
小樽《おたる》
旭川《あさひかわ》
札幌《さっぽろ》
帯広《おびひろ》
室蘭《むろらん》
北陸《ほくりく》自動車道
秋田《あきた》
仙台《せんだい》
山形《やまがた》
新潟《にいがた》
青森《あおもり》
八戸《はちのへ》
盛岡《もりおか》
北上《きたかみ》
中国《ちゅうごく》自動車道
九州《きゅうしゅう》自動車道
東北《とうほく》自動車道
岡山《おかやま》
松江《まつえ》
高松《たかまつ》
広島《ひろしま》
富山《とやま》
京都《きょうと》
大阪《おおさか》
上越《じょうえつ》
郡山《こおりやま》
いわき
関越《かんえつ》自動車道
東京《とうきょう》
甲府《こうふ》
中央《ちゅうおう》自動車道
名古屋《なごや》
東名《とうめい》高速道路
熊本《くまもと》
徳島《とくしま》
高知《こうち》
名神《めいしん》高速道路
大分《おおいた》
松山《まつやま》
鹿児島《かごしま》
山陽《さんよう》自動車道
沖縄《おきなわ》自動車道
那覇《なは》
高速道路は、各地《かくち》の人口の多い都市を結《むす》んでいるのね。
高速道路の整備《せいび》が進んだことも、自動車の利用を高めた理由のひとつだよ。

参考 **トラック輸送《ゆそう》の問題点**…鉄道や船に比《くら》べて一度に運べる貨物《かもつ》の量《りょう》が少ないこと，交通渋滞《じゅうたい》を引きおこすこと，大気汚染《おせん》・そう音などの環境《かんきょう》問題がある。

マメ知識

貨物《かもつ》輸送《ゆそう》や旅客輸送を計算する場合は、それぞれ「輸送トンキロ」と「輸送人キロ」という単位《たんい》がおもに使われる。「輸送トンキロ」は「輸送した貨物のトン数×輸送したきょり」で，「輸送人キロ」は「輸送した旅客の人数×輸送したきょり」で求《もと》められる。左のグラフもこれによる。

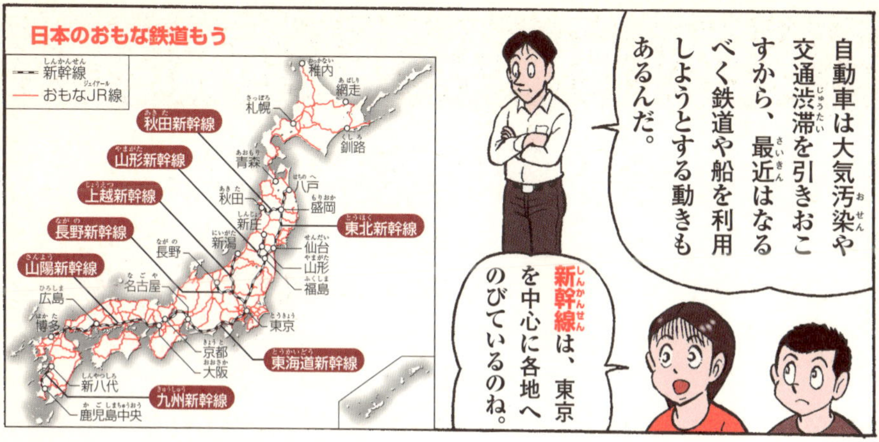
自動車は大気汚染《おせん》や交通渋滞《じゅうたい》を引きおこすから、最近《さいきん》はなるべく鉄道や船を利用しようとする動きもあるんだ。
新幹線《しんかんせん》は、東京を中心に各地へのびているのね。
日本のおもな鉄道もう
新幹線《しんかんせん》
おもなJR《ジェイアール》線
稚内《わっかない》
網走《あばしり》
札幌《さっぽろ》
釧路《くしろ》
秋田新幹線《あきた》
山形新幹線《やまがた》
上越新幹線《じょうえつ》
長野新幹線《ながの》
山陽新幹線《さんよう》
青森《あおもり》
八戸《はちのへ》
秋田《あきた》
盛岡《もりおか》
新庄《しんじょう》
東北新幹線《とうほく》
新潟《にいがた》
仙台《せんだい》
長野《ながの》
山形《やまがた》
福島《ふくしま》
名古屋《なごや》
広島《ひろしま》
東京《とうきょう》
博多《はかた》
京都《きょうと》
大阪《おおさか》
東海道新幹線《とうかいどう》
新八代《しんやつしろ》
九州新幹線《きゅうしゅう》
鹿児島中央《かごしまちゅうおう》

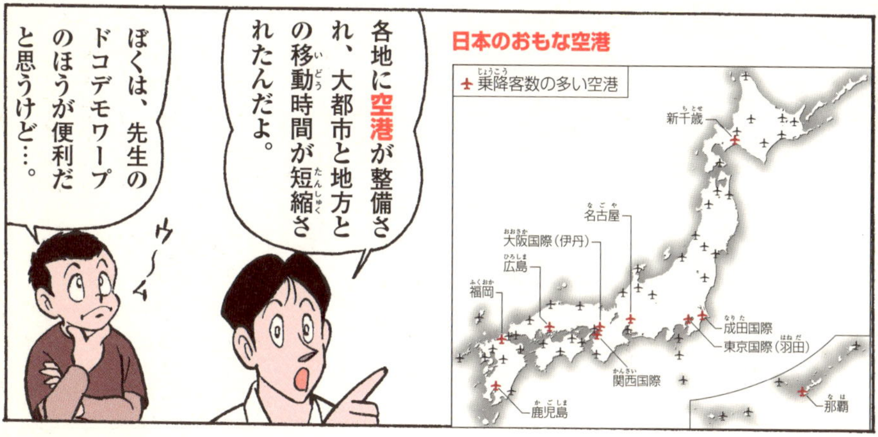
各地に空港が整備され、大都市と地方との移動《いどう》時間が短縮《たんしゅく》されたんだよ。
ぼくは、先生のドコデモワープのほうが便利だと思うけど…。
ウ〜〜ム
日本のおもな空港
乗降客数《じょうこう》の多い空港
新千歳《しんちとせ》
名古屋《なごや》
大阪国際《おおさか》（伊丹）
広島《ひろしま》
福岡《ふくおか》
成田国際《なりた》
東京国際（羽田《はねだ》）
関西国際《かんさい》
鹿児島《かごしま》
那覇《なは》

マメ知識

交通問題の解決策《かいけつさく》の一つとして、モーダルシフトがある。出発点から目的地《もくてき》まで、すべての道のりをトラック輸送《ゆそう》していた貨物《かもつ》を、途中《とちゅう》で鉄道や船にトラックを積《つ》みこんで輸送する方法《ほうほう》。二酸化炭素《にさんかたんそ》やエネルギーの消費《しょうひ》をおさえることができ、一度に大量《たいりょう》に運べるので運賃《うんちん》も割安《わりやす》となる。

もっとくわしく

各地《かくち》に登場

海上空港の建設《けんせつ》

1994年、関西国際空港《かんさいこくさい》が、大阪湾《おおさかわん》の大阪府泉佐野《いずみさの》市沖《おき》に開港した。海上の人工島に建設《けんせつ》されているのでそう音の心配が少なく、24時間の利用《りよう》が可能《かのう》。せまい平野に住宅《じゅうたく》が密集《みっしゅう》している日本では、空港用地の確保《かくほ》が難《むずか》しい。そのため、関西国際空港に続《つづ》いて開港した、愛知《あいち》県の中部国際空港、兵庫《ひょうご》県神戸《こうべ》市の神戸空港も海上空港である。

関西国際空港

参考　**鉄道の利点《りてん》**…一度に大量《たいりょう》の貨物《かもつ》を運べること，おくれがほとんどないこと，トラック輸送《ゆそう》に比《くら》べて必要《ひつよう》なエネルギーが少ないこと，二酸化炭素《にさんかたんそ》の排出《はいしゅつ》が少ないことなど。

第2節《せつ》：日本の運輸《うんゆ》と情報通信《じょうほうつうしん》

3 発達《はったつ》する情報通信

インターネットや携帯《けいたい》電話などの発達により，現代《げんだい》は情報社会と呼《よ》ばれている。情報社会は，大量《たいりょう》の情報を手軽に得《え》られるという利点があるが，問題点も少なくない。

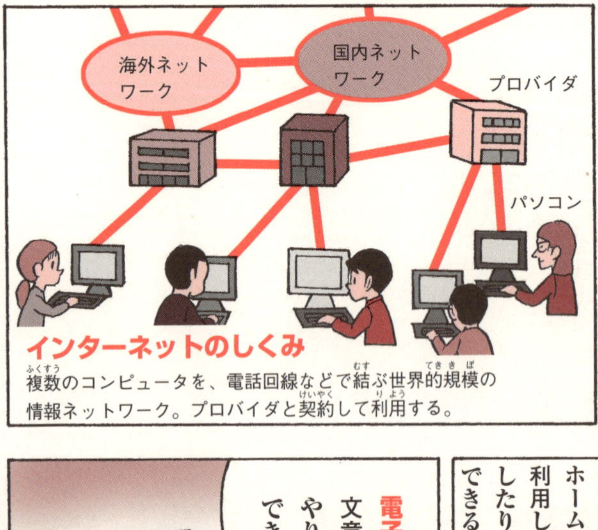
海外ネットワーク
国内ネットワーク
プロバイダ
パソコン

インターネットのしくみ
複数《ふくすう》のコンピュータを、電話回線などで結《むす》ぶ世界的《てき》規模《きぼ》の情報ネットワーク。プロバイダと契約《けいやく》して利用《りよう》する。

インターネットなどの通信技術《ぎじゅつ》が発達した現代《げんだい》は、情報社会と呼ばれているよ。
重要
インターネット大好き!!

電子メールで、文章や画像《がぞう》のやり取りができるの!!

インターネットは、ホームページを利用して情報を入手したり、発信したりできるんだ。

マメ知識
インターネットとは、世界中のコンピュータを結《むす》んだ通信《つうしん》もうのこと。電話回線などを利用《りよう》した複数《ふくすう》のコンピュータネットワークが、さらにたがいに接続《せつぞく》された巨大《きょだい》なネットワーク。ふつうは、プロバイダと呼《よ》ばれる接続《せつぞく》業者と契約《けいやく》し、料金《りょうきん》を支《し》はらって利用する。

参考
IT革命《かくめい》…ITとは情報技術《じょうほうぎじゅつ》のこと。コンピュータの発達《はったつ》とインターネットの普及《ふきゅう》によって，人々の生活が大きく変《か》わることをIT革命と呼《よ》んでいる。

マメ知識

ホームページとは、インターネット上で見ることができる情報《じょうほう》画面のこと。文書や音声、画像《がぞう》などを組み合わせて表せる。インターネットに接続《せつぞく》することによって、世界中のあらゆるホームページを見ることができる。

これがほしいんだね。
商品を注文して、宅配便《たくはいびん》で配達《はいたつ》してもらうこともできるのよ。
インターネットで、銀行口座《こうざ》の残高《ざんだか》を確《たし》かめたり、お金をふりこんだりできる。これをインターネットバンキングというんだ。
携帯電話《けいたいでんわ》でも、インターネットが利用できるよ。
写真をとって送ることもできるものね。インターネットって便利《べんり》!!
インターネットや携帯電話で、世界中の人とつながってるなんて、ほんとすごいよね!!
圏外だ!!

もっとくわしく

光ファイバー

高速・大量通信を可能《かのう》にする

光は1秒間に約《やく》30万kmのきょりを進む。光を利用《りよう》して、大量の情《じょう》報《ほう》を高速で送れるようにした通信ケーブルが、光ファイバーだ。

光ファイバーは、直径《ちょっけい》0.1mm程度《ていど》のガラスせんいで、その中を、光が進んでいく。光は、光ファイバーの中を反射《はんしゃ》しながら進み、おとろえることがない。情報社会の進歩にともなって、光ケーブル通信もうが広がっている。

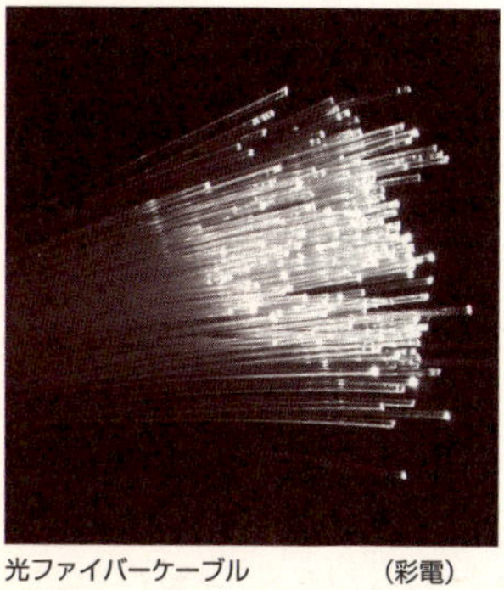

光ファイバーケーブル （彩電）

参考

電子メール…インターネットを利用《りよう》して送受信《そうじゅしん》される文書。送信者はパソコンに文書を入力し，送信する。受信者は，その文書を好《す》きなときに読むことができる。

情報《じょうほう》社会は すばらしいけど、問題点も あるんだよ。
インターネット上には、まちがった情報もあるんだ。これは、大きな問題だね。
うーん 本当かなあ？
日本オオカミ 発見!!
たとえば、本なら、著者《ちょしゃ》や編集者《へんしゅうしゃ》、出版《しゅっぱん》社が責任《せきにん》をもって正しい情報を伝《つた》えようとしている。
チェック！
ところが、インターネット上の情報は、だれも内容《ないよう》をチェックしていないこともある。
おもしろければ いいじゃん
ヒヒヒ……
インチキ情報
情報を受け取る側《がわ》も、その情報が正しいかどうかを判断《はんだん》できることが大事なんだよ。
うーん 勉強しなくちゃ……
情報を 発信《はっしん》する側も、正確《せいかく》な情報を 送らないと いけないよ。

マメ知識

インターネット上の情報《じょうほう》の多くは、発信者《はっしんしゃ》からの一方的《てき》な情報である。どんな情報を発信するかは発信者が決めるため、都合のよい情報やあやまった情報が発信される可能性《かのうせい》がある。受信者は情報が事実かどうかを見きわめて、正しい判断《はんだん》をする必要《ひつよう》がある。

参考

情報《じょうほう》社会…情報化社会ともいう。インターネットなどの発達《はったつ》によって，多くの情報を短時間で容易《ようい》にやり取りできる。情報は重要《じゅうよう》な役割《やくわり》を果《は》たし，活用されている。

また、ネット上にある画像《がぞう》などが無断《むだん》で使われることもある。
おっ、この写真使っちゃおう。
あれっ!? この写真、なぜこんなところに使われているんだろう?
?
個人《こじん》の情報や秘密《ひみつ》が勝手に流されることがあるのも問題だ。
えーっ?なぜこんなことが!?
生年月日
住所
TEL
また、コンピュータウイルスのせいで、情報がこわれてしまうこともあるんだ。気をつけないとね。
パソコン食べちゃうゾ。
いろんなことがわかりました。ありがとう、先生。
いや、ぼくもあらためて地球のことがよくわかったよ。
えっ
あっ
じゃ、また会おうね。

マメ知識

正しい情報《じょうほう》を知る方法《ほうほう》として、だれが、いつ、どこで発信《はっしん》した情報なのかをできるかぎりつかむこと。何についての情報なのか、その情報の目的《もくてき》は何かをつかむこと。事実であるかどうかを確認《かくにん》できる情報かどうかをつかむこと。複数《ふくすう》の情報を比較検討《ひかくけんとう》することなどがあげられる。

参考

コンピュータウイルス…インターネットなどを通じてコンピュータに入りこみ，ファイルをこわしたりする。コンピュータからデータを流出させるウイルスもある。

要点整理と重要事項のまとめ ⑦

1.日本の貿易《ぼうえき》

①日本の貿易の特色《とくしょく》

●**加工貿易《かこうぼうえき》**…外国から**原材料《げんざいりょう》を輸入《ゆにゅう》**し，国内で**加工《かこう》**して，製品《せいひん》を輸出すること。

●**輸入品の変化《へんか》**…第二次世界大戦《たいせん》前は**せんい原料**の輸入が多い。戦後は**重化学工業の原料**の輸入が増加《ぞうか》。近年は工業製品の輸入が増《ふ》えている。

●**輸出品の変化《へんか》**…第二次世界大戦前は**せんい品**などの輸出が大半をしめる。戦後は**重化学工業の製品**の輸出が中心。

②日本の貿易のおもな相手国

●**アメリカとの貿易**…**最大《さいだい》の輸出相手国**。輸出品は**機械類《きかいるい》**，**自動車**が多い。輸入品は**機械類**，**航空《こうくう》機類**が多い。

●**中国との貿易**…**最大の輸入相手国**。輸入品は**機械類**，**衣類《いるい》**が多い。輸出品は**機械類**，**鉄鋼《てっこう》**が多い。

●**鉱産資源《こうさんしげん》の輸入先**…原油は**西アジアの国々**から，石炭と鉄鉱石の半分以上《いじょう》は**オーストラリア**から輸入。

③日本の貿易の問題点

●**貿易摩擦《まさつ》**…日本の**輸出額《がく》が輸入額を大きく上回ったこと**により生じる。現地《げんち》生産《せいさん》や輸入の自由化で対応《たいおう》する。

●**円高，円安**…外国の通貨《つうか》に対し，円の価値《かち》が高くなることを円高，低《ひく》くなることを円安という。

●**貿易の自由化**…関税《かんぜい》などの**輸入制限《せいげん》をなくすこと**。

2.日本の運輸《うんゆ》と情報通信《じょうほうつうしん》

①さまざまな輸送手段《しゅだん》

●**さまざまな輸送手段**…**自動車**，**鉄道**，**船**，**航空機**など。

②輸送手段の移《うつ》り変《か》わり

●**輸送手段の変化**…鉄道，船から**自動車中心**に変わる。

●**輸送の高速化**…**新幹線《しんかんせん》**や**高速道路**の整《せい》備《び》，**空港**の建設《けんせつ》によって，輸送が高速化した。

③発達する情報通信

●**インターネットの発達**…**ホームページ**や**電子メール**で情報のやり取りが，短時間で容易《ようい》に行える。

●**情報社会**…大量の情報が生産され，その利用《りよう》が重視《じゅうし》される社会。**インターネット**や**携帯《けいたい》電話**などの通信技術《ぎじゅつ》が発達《はったつ》したことによって実現《じつげん》。

●**情報社会の問題点**…あやまった情報のはんらんや個人《こじん》情報の流出など。

重要事項の一問一答 7

① 日本の貿易

（▼答え記入らん）

①原材料を輸入して，製品に加工し，輸出することを何といいますか。 ……

②第二次世界大戦前に多く輸入されていたものは何ですか。 ……

③第二次世界大戦後，輸出の中心となったのはどのような工業の製品ですか。 ……

④現在《げんざい》，日本の最大の輸出相手国はどこですか。 ……

⑤近年貿易額がとくにのびている，最大の輸入相手国はどこですか。 ……

⑥輸出額が，輸入額を大きく上回ったことによって生じる国際《こくさい》間の問題を何といいますか。 ……

⑦先月は1ドルが110円だったのに，今月は120円になったとすると，円高ですか円安ですか。 ……

⑧輸入品にかけられる関税などの輸入制限をなくすことを貿易の何といいますか。 ……

② 日本の運輸と情報通信

（▼答え記入らん）

①1960年代のおもな輸送手段は，鉄道ともう1つは何でしたか。 ……

②近年，旅客輸送・貨物《かもつ》輸送ともに輸送手段の中心となっているのは何ですか。 ……

③世界中のコンピュータを結《むす》んだ通信もうのことを何といいますか。 ……

④インターネットや携帯電話などの通信技術が発達した社会を何といいますか。 ……

⑤インターネットで，銀行口座の残高を調べたりするしくみを何といいますか。 ……

答え
① ①加工貿易　②せんい原料　③重化学工業　④アメリカ　⑤中国　⑥貿易摩擦　⑦円安　⑧（貿易の）自由化　② ①船　②自動車　③インターネット　④情報（化）社会　⑤インターネットバンキング

(2)　日本と中国の貿易に関する文章としてふさわしいものを，次の中から１つ選び，記号で答えなさい。

ア：日本は中国に対して貿易赤字である。

イ：日本の中国との貿易は減少傾向《げんしょうけいこう》にある。

ウ：中国の最大《さいだい》の貿易相手国は日本である。

エ：中国は日本の最大の輸出相手国である。

[　　]

(3)　日本の工業製品の輸入が増加《ぞうか》した理由のひとつには，アジアの国・地域に進出して生産を進める日本の工場が増加したことがあげられます。日本の工場が外国に進出する理由としてふさわしくないものを，次の中から１つ選び，記号で答えなさい。

ア：外国の政府《せいふ》が税金《ぜいきん》を安く設定《せってい》しているため。

イ：外国の優《すぐ》れた技術《ぎじゅつ》を取り入れるため。

ウ：外国の安い労働《ろうどう》力を利用《りよう》するため。

エ：進出した国で工業製品《せいひん》を販売《はんばい》するため。

[　　]

3 **次のA～Dの文は，ある都道府《とどうふ》県について説明をしたものです。A～Dにあてはまる都道府県名と，(1)～(6)に最《もっと》もあてはまる語句《ごく》をそれぞれ漢字で答えなさい。**

（近畿大学附属中〔前期〕・改）

A　この都道府県では，[(1)]平野でりんごの栽培《さいばい》がさかんです。また，陸《む》奥《つ》湾沿岸《わんえんがん》部では，育てる漁業《ぎょぎょう》もさかんです。

B　この都道府県では，昔から牧《まき》ノ原《はら》で[(2)]の栽培がさかんです。また，[(3)]港は水あげ量日本一の港です。(2005年)

C　日本一の自動車工業の町，[(4)]市をかかえるこの都道府県は，工業が非常《ひじょう》にさかんです。この都道府県をふくむ[(5)]工業地帯《ちたい》は工業出荷額《しゅっかがく》が全国１位です。(2004年)

D　この都道府県には，米作のさかんな石狩《いしかり》平野，酪農《らくのう》のさかんな[(6)]台地があり，農業が非常にさかんです。

A	B	C	D
(1)	(2)	(3)	(4)
(5)	(6)		

入試問題にチャレンジ 1

1 **下の2万5000分の1の地形図を見て，あとの問いに答えなさい。**

（帝塚山学院泉ヶ丘中・改）

(1)　A山の標高《ひょうこう》は約《やく》何mですか。

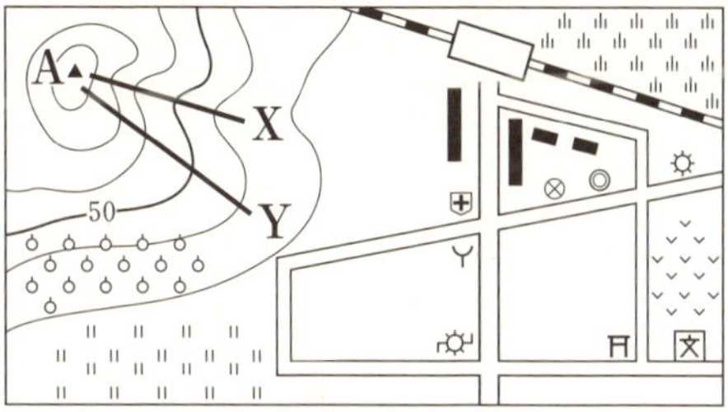

(2)　地形図中のXとYの斜面《しゃめん》で，急なのはどちらですか。

(3)　駅から学校までの道のりは，地形図上で4cmあります。実際《じっさい》の距離《きょり》は何mですか。

(4)　この地形図について説明《せつめい》した次の**ア**～**エ**の文の中から，正しいものを１つ選《えら》び，記号で答えなさい。

ア：A山の北の斜面には果樹《かじゅ》園が広がっている。

イ：学校の周《まわ》りには水田が広がっている。

ウ：病院からまっすぐ工場へ向かうと，途中《とちゅう》に市役所がある。

エ：消防署《しょうぼうしょ》の西どなりには警察《けいさつ》署がある。

2 **私たちの身のまわりをみてみると，外国から輸入《ゆにゅう》されたものが多くみられるように，日本は多くの国々と貿易《ぼうえき》を行っています。次の表は，日本の国・地域別《ちいきべつ》輸入《ゆにゅう》品目（2006年：上位《じょうい》4品目）を表しています。あとの問いに答えなさい。**

（立教池袋中・改）

A		B		インドネシア		台　湾		C	
機《き》械《かい》類《るい》	36.3	原　油	85.6	液化天然ガス	24.3	機械類	53.5	石　炭	30.4
衣《い》類《るい》	16.4	液化《えきか》石油ガス	8.0	原　油	11.4	魚《ぎょ》介《かい》類《るい》	3.1	液化天然ガス	14.5
がん具	3.2	石油製品	5.0	機械類	7.8	記録媒体《きろくばいたい》	3.0	鉄《てっ》鉱《こう》石《せき》	13.6
金属製品	2.9	有機化合物《ゆうきかごうぶつ》	1.1	銅《どう》鉱《こう》	7.7	鉄《てっ》鋼《こう》	2.9	肉　類	7.3

※数字は各国・地域からの輸入品目に占める割合(%)を示す。　（「日本国勢図会2007/08」より作成）

(1)　表の**A**～**C**に適《てき》する国・地域を答えなさい。

A　**B**　**C**

③米づくりにかかる時間が大はばにへるとともに，それにかかる費用《ひよう》もかなりへった。

④田のかたちを長方形などに整えたりして，農業機械《きかい》を使いやすくしていった。

2 次のグラフを見て，あとの問いに答えなさい。 （金城学院中・改）

(1) グラフ内の**a**線と**b**線は主な漁業《ぎょぎょう》を分類別《ぶんるいべつ》に示《しめ》したものです。**a**漁業，**b**漁業にそれぞれあてはまる組み合わせとして正しいものを，次の①～⑥から一つ選び，答えなさい。

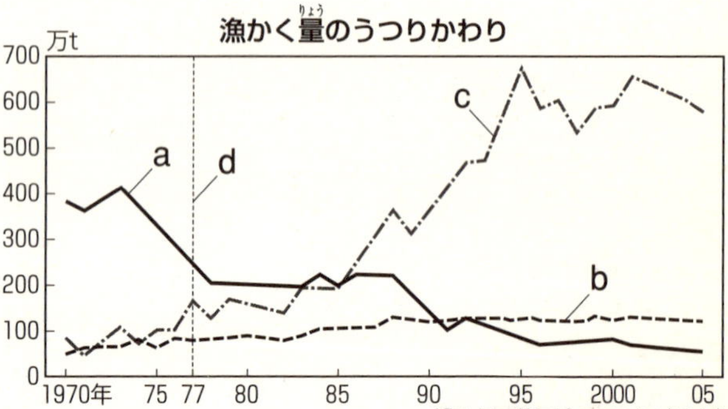

（「日本国勢図会2007/08」ほか）

① **a**-遠洋漁業　**b**-養《よう》しょく漁業
② **a**-沿岸《えんがん》漁業　**b**-養しょく漁業
③ **a**-遠洋漁業　**b**-沿岸漁業
④ **a**-沖合《おきあい》漁業　**b**-養しょく漁業
⑤ **a**-沖合漁業　**b**-沿岸漁業
⑥ **a**-遠洋漁業　**b**-沖合漁業

(2) グラフ内の**c**線は魚介類《ぎょかいるい》の輸入量《ゆにゅうりょう》を示《しめ》しています。1998年から再《ふたた》び増《ふ》える方向にありますが，次の水産物で一番輸入《ゆにゅう》量が多いと考えられる水産物を，次の①～⑥から一つ選び，記号で答えなさい。

①　ほたて貝　②　いか　③　いわし
④　ふぐ　⑤　まぐろ　⑥　かき

(3) グラフ内の**d**線（-------）は1977年（昭和《しょうわ》52年）ごろから，世界の多くの国が沿岸《えんがん》から200海里のはんいの海で，外国の船がとる魚の種類《しゅるい》や量をきびしく制限《せいげん》するようになり，日本もこの年に定めたことを意味しています。さて，下線部の200海里はおよそ何kmのきょりになりますか。次の①～⑥から正しいものを一つ選び，記号で答えなさい。

①　約《やく》70km　②　約170km　③　約270km
④　約370km　⑤　約470km　⑥　約570km

入試問題にチャレンジ ②

1 次の文を読んで，下の(1)～(3)に答えなさい。 （同志社中・改）

日本の工業生産額《せいさんがく》(ア)は年々ふえ，今，わたしたちのまわりにはたくさんの工業製品《せいひん》があります。工業の発達《はったつ》によって，まちには電車や乗用車，トラックなどが走るようになり，高速道路ができると，トラックを用いて野菜《やさい》などを新せんなまま，生産地から遠くはなれた消費《しょうひ》地に送ることができるようになりました。(イ)また農業などの仕事そのものが，機械《きかい》化によって変化《へんか》しています。(ウ)さらに，家庭でも，いろいろな電気製品にかこまれてくらすようになりました。このように，工業はわたしたちのくらしを大きく変《か》えてきました。

(1) 下線部 **(ア)** の変化《へんか》をしめした以下《いか》の円グラフの中で，**(あ)(い)(う)** にあてはまる工業の種類《しゅるい》の組み合わせとして正しいものを，次の①～④から選び，答えなさい。

① **(あ)** 金属《きんぞく》工業　**(い)** せんい工業　**(う)** 機械工業
② **(あ)** 機械工業　**(い)** 金属工業　**(う)** せんい工業
③ **(あ)** せんい工業　**(い)** 機械工業　**(う)** 金属工業
④ **(あ)** せんい工業　**(い)** 金属工業　**(う)** 機械工業

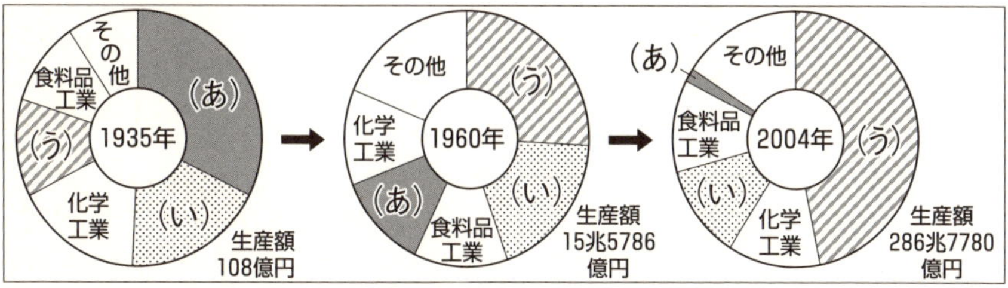
その他
食料品工業
(あ)
(う)
1935年
化学工業
(い)
生産額 108億円
その他
(う)
化学工業
1960年
(あ)
食料品工業
(い)
生産額 15兆5786億円
(あ)
その他
食料品工業
2004年
(う)
(い)
化学工業
生産額 286兆7780億円

(2) 下線部 **(イ)** について，2007年１月～３月のそれぞれの月で，もっとも多く東京市場にキャベツを出荷《しゅっか》した県を，次の①～④から選び，答えなさい。

① 群馬《ぐんま》県　② 高知県
③ 愛知《あいち》県　④ 長野県

(3) 下線部 **(ウ)** によって，米づくりも変化しました。この変化の内容《ないよう》を説明した文としてまちがっているものを，次の①～④から選び，答えなさい。

①牛や馬にすきを引かせていた田おこしは，動力耕《こう》うん機《き》や農用トラクターを使うようになった。
②かまを使ったかり取りは，コンバインを使ってすばやく行えるようになった。

(5)　米づくりの中で「病気や害虫《がいちゅう》から守るために農薬をまく」ことがあります。一方で,「農薬を使わない」,「化学肥料《ひりょう》を使わない」農業もさかんに行われています。このような農業のことを何といいますか。［　　　　］

(6)　(5)のような農業の中には，右の写真にある生き物を使って「化学肥料《ひりょう》や農薬にたよらない」農業を行っている農法《のうほう》があります。この生き物を使う農法のことを何といいますか。［　　　　］

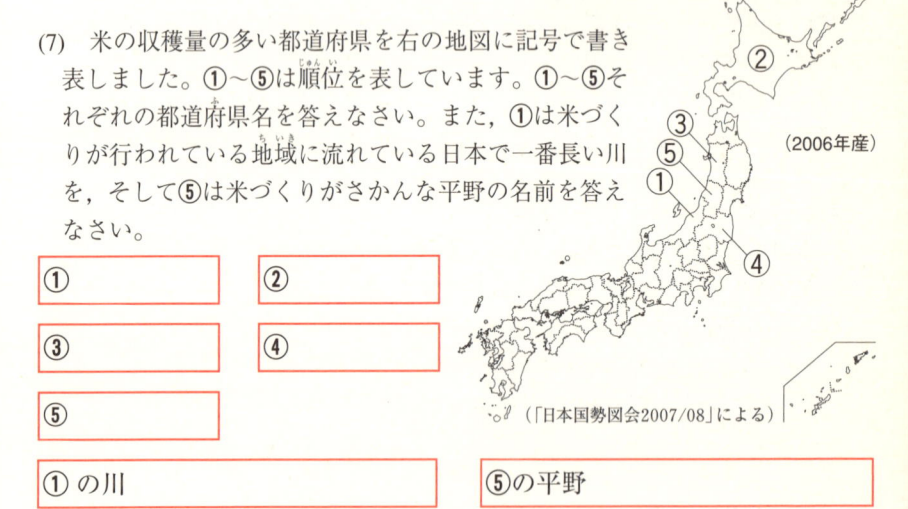

(7)　米の収穫量の多い都道府県を右の地図に記号で書き表しました。①～⑤は順位《じゅんい》を表しています。①～⑤それぞれの都道府《ふ》県名を答えなさい。また，①は米づくりが行われている地域《ちいき》に流れている日本で一番長い川を，そして⑤は米づくりがさかんな平野の名前を答えなさい。

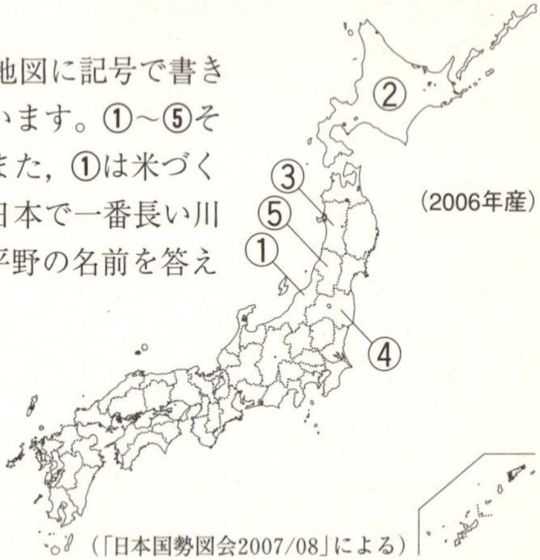

（「日本国勢図会2007/08」による）

①	②
③	④
⑤	
①の川	⑤の平野

(8)　(7)にある「米の収穫量《しゅうかくりょう》の多い都道府県」の分布《ぶんぷ》を見ると,「米ぐら」などといわれる東北地方に多いことが分かります。

では，その中でも「日本海側《がわ》」が多いのはなぜですか。次の文章にあてはまる語句《ごく》を，次の**ア**～**ク**から選《えら》び，記号で答えなさい。

東北地方の日本海側は，太平洋側よりも［　①　］の気温が高く，また日本海側では夏にふいて米づくりに悪い影響《えいきょう》をあたえる［　②　］という冷たい風の影響《えいきょう》が少ないから。

ア：春　**イ**：夏　**ウ**：秋　**エ**：冬
オ：おろし　**カ**：からっ風　**キ**：やませ　**ク**：だし

［①　　　　］　［②　　　　］

入試問題にチャレンジ ③

1 **次の文章《ぶんしょう》を読んで，あとの問いに答えなさい。** （安田女子中［Ⅱ］・改）

日本の農業は，食の安全や食料自給《しょくりょうじきゅう》をふくむ食料の確保《かくほ》，システムなどさまざまな問題をかかえています。たとえば，食料確保の問題では，自給率が90%以上のものは米とたまごくらいです。これは他のものを輸入《ゆにゅう》にたよっていることを表しており，またその輸入先もかたよっているのが現状《げんじょう》です。

『世界と日本の地理統計《とうけい》　2005/2006年版《ばん》』によると，2002年現在《げんざい》，日本の農地（耕地《こうち》・牧場《ぼくじょう》や牧草《ぼくそう》地をふくむ）面積《めんせき》は，約《やく》520万ha，農業活動にかかわっている人たちは約245万人です。単純《たんじゅん》にこれらを計算すると，1人あたりの平均《へいきん》農地面積は約（①）haになります。世界の平均に近いフランスなどと比《くら》べると，1人あたりの平均農地面積は約20倍以上《いじょう》のちがいがあり，日本の多くの農業の経営規模《けいえいきぼ》は小さいということがわかります。

(1)　文章中の（①）にあてはまるのにもっとも近い数値《すうち》を次の**ア**～**オ**から1つ選《えら》び，記号で答えなさい。

ア：1.7　**イ**：1.9　**ウ**：2.1　**エ**：2.3　**オ**：2.5

(2)　文章中の下線部「米」に関連《かんれん》して，右に水稲栽培《すいとうさいばい》された米の品種別《ひんしゅべつ》の収穫《しゅうかく》量の表があります。**A**にあてはまる品種を答えなさい。

	品　　種	収穫量(t)	%
1	A	3,200,000	37.4
2	ひとめぼれ	840,700	9.8
3	あきたこまち	766,500	9.0
4	ヒノヒカリ	704,300	8.2
5	はえぬき	293,400	3.4

（「日本国勢図会2007/08」より）

(3)　次の**ア**～**キ**を米づくりの手順《てじゅん》になるように解答《かいとう》らんにあわせて並《なら》べかえなさい。

ア：苗《なえ》を用意する　**イ**：田おこしをする　**ウ**：稲《いね》かりをする
エ：田植えをする　**オ**：もみを乾燥《かんそう》させる　**カ**：しろかきをする
キ：もみがらをすりおろして中の実を取り出す

→　→　→　→　→　→

(4)　次の**（あ）**と**（い）**の機械《きかい》は，(3)の**ア**～**キ**のどの段階《だんかい》で使うものですか。記号で答えなさい。ただし答えは1つとは限《かぎ》りません。

（あ）トラクター　**（い）**コンバイン

（あ）　**（い）**

(2) ③
(3) ③

(2) 愛知県では温暖《おんだん》な気候《きこう》を利用《りよう》したキャベツの生産《せいさん》が盛《さか》んで，特《とく》に冬の東京中央卸売《おろしうり》市場の入荷額《にゅうかがく》ではトップである。群馬《ぐんま》県は夏から秋にかけて生産量が多くなる。

2 (1) ①
(2) ⑤
(3) ④

2 (1) 1970年代半ばから遠洋漁業の漁《ぎょ》かく量《りょう》が減《へ》った理由としては，石油危機《きき》で燃料《ねんりょう》が値《ね》上《あ》がりしたこと，経済水域《けいざいすいいき》の設定《せってい》で日本の漁場がせばめられたことがあげられる。
(2) 輸入量の多い水産物《すいさん》は，まぐろのほかには，えび，たら，かになどがある。
(3) 1海里は約《やく》1852m。

P.154-155

1 (1) **ウ**
(2) **コシヒカリ**
(3) **ア→イ→カ→エ→ウ→オ→キ**
(4) (あ) **イ，カ**
(い) **ウ**
(5) **有機《ゆうき》農業**
(6) **アイガモ農法《のうほう》**
(7) ①**新潟《にいがた》県**
②**北海道**
③**秋田県**
④**福島《ふくしま》県**
⑤**山形県**
①川　**信濃《しなの》川**
⑤平野　**庄内《しょうない》平野**
(8) ①**イ**
②**キ**

1 (1) 520万を245万でわり，最も近い数字を答える。
(2) コシヒカリは品種改良《ひんしゅかいりょう》によってつくられた代表的《てき》な品種で，新潟《にいがた》県を中心に最《もっと》も多く栽培《さいばい》されている。
(3) 田植えと稲《いね》かりのあいだの7月初《はじ》めごろ（地域《ちいき》によってことなる）に，田の水をぬいて稲の根をよく生長させるために，「中ぼし」という作業も行われる。
(5) 化学肥料《ひりょう》のかわりに，たい肥を使うなど。
(6) アイガモはカモ科の鳥で，アヒルの一品《ひん》種《しゅ》。カルガモとまちがえないように注意。
(7) 米づくりのさかんな平野や盆地《ぼんち》と流れる川はセットで覚えておこう。
・越後《えちご》平野（新潟《にいがた》県）…信濃《しなの》川
・石狩《いしかり》平野（北海道）…石狩川
・上川盆地（北海道）…石狩川
・秋田平野（秋田県）…雄物《おもの》川
・庄内《しょうない》平野（山形県）…最上《もがみ》川
・仙台《せんだい》平野（宮城《みやぎ》県）…北上《きたかみ》川

入試問題にチャレンジ 解答と解説

P.150-151

1 (1) **(約) 80m**
(2) **X**
(3) **1000m**
(4) **ウ**

1 (1) 2万5000分の1の地形図では主曲線は10m, 計曲線は50mごとに, 5万分の1の地形図では主曲線は20m, 計曲線は100mごとになる。
(3) 実際《じっさい》の距離《きょり》は「地図上の長さ×縮尺《しゅくしゃく》の分母」で求《もと》められる。

2 (1) **A中国**
(中華人民共和国)
Bサウジアラビア
Cオーストラリア
(2) **ア**
(3) **イ**

2 (1) 中国からは衣類《いるい》とがん具がポイント。日本は原油の4分の1以上《いじょう》をサウジアラビアから輸入《ゆにゅう》している。オーストラリアからは石炭と鉄鉱石《てっこうせき》が多い。
(2) 中国からの輸入量《ゆにゅうりょう》が日本からの輸出量よりも多く, 日本の貿易《ぼうえき》赤字になっている。
(3) 日本の高い技術《ぎじゅつ》と海外の安い労働《ろうどう》力と外国政府《せいふ》の政策《せいさく》などが進出の条件《じょうけん》となる。

3 A **青森県**
B **静岡《しずおか》県**
C **愛知県**
D **北海道**
(1) **津軽《つがる》**
(2) **茶**
(3) **焼津《やいづ》**
(4) **豊田《とよた》**
(5) **中京**
(6) **根釧《こんせん》**

3 (1) りんごは青森県や長野県で生産《せいさん》がさかんである。
(3) 水あげ量《りょう》は, 焼津《やいづ》港(静岡県), 銚子《ちょうし》港(千葉県), 石巻《いしのまき》港(宮《みや》城《ぎ》県)などで多い。
(5) 中京工業地帯《ちたい》の出荷額《がく》は増《ふ》えているが, 三大工業地帯(京浜《けいひん》・阪神《はんしん》・中京)の全体にしめる割合《わりあい》は年々減《へ》っていて, 関東内陸《かんとうないりく》や東海, 瀬戸内《せとうち》の各《かく》工業地域《ちいき》が増えている。
(6) 石狩《いしかり》平野は道庁所在地《どうちょうしょざいち》・札幌《さっぽろ》市の東部に広がる。根釧《こんせん》台地は北海道の東部にあり, 北方領土《りょうど》(国後《くなしり》島・択捉《えとろふ》島・色丹《しこたん》島・歯舞《はぼまい》諸島《しょとう》)がすぐ近くにある。

P.152-153

1 (1) **④**

1 (1) 第《だい》二次《じ》世界大戦《たいせん》(1939～1945年)前まではせんい工業, 1960年代からは機械工業などの重化学工業が中心となった。

重要用語 五十音順 さくいん

あ

アイガモ農法《のうほう》……47
IT革命《かくめい》……144
赤潮《あかしお》……77
亜寒帯《あかんたい》……27
阿蘇《あそ》山……67
亜熱帯《あねったい》……27
アルプス・ヒマラヤ造山帯《ぞうざんたい》……30
安定成長《せいちょう》期……113
い草……62
緯《い》線《せん》……7
イタイイタイ病……119
緯《い》度《ど》……6・7
衣《い》類《るい》……136
インターネット……144
インターネットバンキング……145
牛海綿状脳症《かいめんじょうのうしょう》……68
越前《えちぜん》和紙……98
沿岸漁業《えんがんぎょぎょう》……74
円高……138・139
円安……138・139
遠洋漁業《ぎょぎょう》……74
沖合漁業《おきあいぎょぎょう》……74・75
尾根《おね》……19
親潮《おやしお》……27・29・71

か

温泉《おんせん》……10
温帯《おんたい》……27
海運……141
海上空港……143
海洋性《せい》気《き》候《こう》……26
海洋牧場《ぼくじょう》……77
化学工業……89
がけくずれ……29
加工貿易《かこうぼうえき》……131・132
火山……10
化石燃料《ねんりょう》……126
過疎《かそ》……35
過密《かみつ》……34
火力発電……124・125
カルデラ湖……10
為替《かわせ》相場……139
環境基本法《かんきょうきほんほう》……120・121
環境省《かんきょうしょう》……120
環境庁《かんきょうちょう》……120
環境《かんきょう》ホルモン……121
がん具……136
関税《かんぜい》……130
乾燥帯《かんそうたい》……27
寒帯《かんたい》……27
環太平洋造山帯《かんたいへいようぞうざんたい》……31
干拓《かんたく》……41
関東内陸《かんとうないりく》工業地域《ちいき》……100・102・106
寒流……29
機械《きかい》工業……89・93・112
機械類《きかいるい》……132・137
企業城下《きぎょうじょうか》町……93
気候帯《きこうたい》……27
季節《きせつ》風……24
北九州工業地帯《ちたい》（地域《ちいき》）……100・105
近郊《きんこう》農業……51
金属《きんぞく》工業……89
空港……143
黒潮《くろしお》……27・71
軽《けい》工業……89・94・133
経済水域《けいざいすいいき》……9・78
経線《けいせん》……7
携帯《けいたい》電話……145
経度《けいど》……6・7
京浜《けいひん》工業地帯《ちたい》……100・104・105
京葉工業地域《ちいき》……100・107
兼業《けんぎょう》農家……50
原子力発電……125
減反政策《げんたんせいさく》……48
原油……122・123
公害《こうがい》……116
公害対策基本法《こうがいたいさくきほんほう》……120
工業……88・100
工芸《こうげい》作物……63
こう水……29
高速道路……142
耕地《こうち》整理……45
高度経済成長《けいざいせいちょう》……112
高齢《こうれい》化……36
高齢《こうれい》社会……37
国土地理院……15
コンバイン……44
コンピュータウイルス……147

さ

栽培《さいばい》漁業……76・77
三角州……13
三角点……16・17
産業《さんぎょう》の空洞《くうどう》化……114
産業別《さんぎょうべつ》人口……81
三大工業地帯《ちたい》……105
三大都市圏《けん》……34
産地《さんち》直送……47
三陸《さんりく》海岸沖《おき》……70
残留《ざんりゅう》農薬……135
潮目《しおめ》……71
自給率《じきゅうりつ》……82・122
資源《しげん》の輸出《ゆしゅつ》国……137
資源《しげん》の輸入《ゆにゅう》先……123
地震《じしん》……30
施設園《しせつえん》芸農業……53
自然《しぜん》エネルギー……127
自動車……132・142
自動車工業……92・110
信濃《しなの》川……12

社会保障制度《ほしょうせいど》……37
重化学工業……89・90・110・133
集約的《しゅうやくてき》農業……80
縮尺《しゅくしゃく》……14・15
主題図……20
出生率《りつ》……36
少子化……36
情報《じょうほう》社会……144・146
食料《しょくりょう》自給率《じきゅうりつ》……82・84
食料《しょくりょう》品工業……89・94
食料《しょくりょう》輸入《ゆにゅう》……135
シラス……66
シラス台地……66
シリコンアイランド……103
飼料《しりょう》……83
しろかき……42
新幹線《しんかんせん》……143
人口密度《みつど》……32
新食糧法《しょくりょうほう》……49
水質汚濁《すいしつおだく》……117
水質汚濁防止法《すいしつおだくぼうしほう》……121
水準《すいじゅん》点……17
水力発電……124
生産《せいさん》調整……48
製品輸入《せいひんゆにゅう》……133
生物工学……85
世界最大《さいだい》の工業国……134
世界の三大漁場《ぎょじょう》……70
世界の食料《しょくりょう》庫……135
石炭……123・126
赤道……7
石油……126
石油化学コンビナート……91
石油危機《きき》……113
石灰《せっかい》石……123
瀬戸内《せとうち》工業地域《ちいき》……100・106
瀬戸焼《せとやき》……98
セーフガード……59
せり……73
せんい工業……89・95・112・130
専業《せんぎょう》農家……50
扇状《せんじょう》地……12・13・56
先端技術産業《せんたんぎじゅつさんぎょう》……113
専用《せんよう》車……140
造山《ぞうざん》帯……30
造船《ぞうせん》業……106
促成栽培《そくせいさいばい》……52
底《そこ》引《び》きあみ……73
育てる漁業《ぎょぎょう》……75・76
その他の工業……89

た

ダイオキシン……121
大気汚染《おせん》……116
大気汚染《おせん》防止法《ぼうしほう》……121
台地……13
たい肥《ひ》……46・47
台風……28
太平洋ベルト……32・33・101
太陽光発電……126
大陸性《たいりくせい》気候《きこう》……26
大陸《たいりく》だな……70・71
田おこし……42
谷……19
段々《だんだん》畑……55
地球温暖《おんだん》化……121・127
地形図……14
千島海流……27・71
地図記号……16
中京工業地帯《ちたい》……100・104
中小工場……110・111
対馬《つしま》海流……27・71
津波《つなみ》……31
梅雨《つゆ》……28
鉄鋼《てっこう》業……90・110
鉄鉱《てっこう》石……123
鉄道……142・143
てんさい……63
電子工業……93・110
電子メール……144・145
伝統《でんとう》工業……96・99
伝統工芸《でんとうこうげい》士……97
伝統的工芸《でんとうてきこうげい》品……99
東海工業地域《ちいき》……100・106・107
東経《とうけい》……7
統計《とうけい》地図……21
等高線……18
土地改良《かいりょう》……40・41
ドーナツ化現象《げんしょう》……34
トラック輸送《ゆそう》……142
鳥インフルエンザ……69
とる漁業《ぎょぎょう》……74
トレーサビリティ・システム……85

な

中ぼし……43
南部鉄器《てっき》……99
新潟水俣《にいがたみなまた》病……119
肉牛……66
二酸化炭素《にさんかたんそ》……117・127
西陣織《にしじんおり》……99
200海里……9
日本アルプス……10
日本海流……27・71
日本水準《すいじゅん》原点……19
乳牛《にゅうぎゅう》……64
熱帯《ねったい》……27

は

バイオテクノロジー……85
ハイテク……113
パルプ・製紙《せいし》工業……95
阪神《はんしん》・淡路大震災《あわじだいしんさい》……31
阪神《はんしん》工業地帯《ちたい》……100・104・105
BSE……68・135
光ファイバー……145
品種改良《ひんしゅかいりょう》……45・85
ファインセラミックス……95
風害《ふうがい》……29

風力発電……127
船……142
平野……12・13
偏西風《へんせいふう》……25
ベンチャー企業《きぎょう》……111
変動相場制《へんどうそうばせい》……139
棒《ぼう》受《う》けあみ……72
貿易《ぼうえき》……130・131
貿易《ぼうえき》黒字……138
貿易《ぼうえき》の自由化……139
貿易摩擦《ぼうえきまさつ》……138
北緯《ほくい》……7
北陸《ほくりく》工業地域《ちいき》……107
北方領土《りょうど》……9
本初子午線《ほんしょしごせん》……7
盆地《ぼんち》……13

ま

まきあみ……73
まぐろはえなわ……73
町おこし……35
水あげ……72
水俣《みなまた》病……119
美濃《みの》和紙……98
村おこし……35
銘柄《めいがら》米……45

や

やませ……29
有害物質《ゆうがいぶっしつ》……118
結城《ゆうき》つむぎ……99
有機《ゆうき》農業……84
輸出額《ゆしゅつがく》……136
ユニバーサルデザイン……115
輸入額《ゆにゅうがく》……136
輸入制限《ゆにゅうせいげん》……59
輸入《ゆにゅう》の自由化……58・82
ユーラシア大陸《たいりく》……6・7
よう業……95
養殖《ようしょく》……76
養殖《ようしょく》業……75
抑制栽培《よくせいさいばい》……53
四日市《よっかいち》ぜんそく……119
四大公害《こうがい》病……118・119
四大工業地帯《ちたい》……104

ら

酪農《らくのう》……64・65
リアス（式）海岸……11
リサイクル……115
リマン海流……27・71
領域《りょういき》……9
領海《りょうかい》……8
ルックイースト政策《せいさく》……136
冷害《れいがい》……29
冷帯《れいたい》……27
露地《ろじ》栽培《さいばい》……53

[協力者]

●まんが＝大岩ピュン・渡辺潔
●編集協力＝大悠社，寺南純一，冬陽社
●表紙デザイン＝原　佳子
●本文デザイン＝西須幸栄
●ＤＴＰ＝開成堂印刷
●図　版＝ゼム・スタジオ

▼この本は下記のように環境に配慮して制作しました。
※製版フィルムを使用しないCTP方式で印刷しました。
※環境に配慮して作られた紙を使用しています。

中学入試 まんが攻略BON！ 地理 ー上巻ー

▶編　者／学　研
▶発行人／清水 晃一
▶編集人／矢崎 悦男
▶編集長／土屋 徹
▶編集担当／野口 光伸
▶発行所／株式会社学習研究社
東京都大田区上池台4-40-5
▶印刷所／三晃印刷株式会社

◆この本に関するお問い合わせは、下記までお願いいたします。
●編集内容については　03-3726-8243（編集部直通）
●在庫、不良品については　03-3726-8154（出版営業部）
●上記以外のこの本に関することについては
…お客さまセンターへ
〒146-8502　東京都大田区仲池上1-17-15
学研　お客さまセンター
「中学入試 まんが攻略BON！地理」係
電話　03-3726-8124

Printed in Japan